学び直しの時間

佐藤優の特別講義

戦争と有事

ウクライナ戦争、ガザ戦争、台湾危機の深層

佐藤優 *Masaru Sato*

Gakken

CONTENTS

目次

序章　なぜ人間は戦争をやめられないのか？

第1章 ロシア・ウクライナ紛争の行方

第2章 ガザ戦争にひそむ殉教と報復の論理

PROLOGUE

序章

なぜ人間は戦争をやめられないのか？

戦争よりも平和のほうが良いのは世の理《ことわり》。
にもかかわらず、なぜ人は戦争を行うのか？
人間の潜在意識にひそむ衝動や
国家・民族の内在的論理に踏み込んで
戦争が起きるメカニズムを解明する！

PROLOGUE 1

戦争を煽るのは大衆ではなく知識人

大衆は自分たちの欲望をかなえてくれる政治を求める

なぜ、人は戦争を行うのか。

なぜ、民族や宗教などを異にする人々に対して、暴力で蹂躙し、命まで奪うのか。

そうした根源的な問題を、最初に考察してみたいと思います。

スペインの思想家オルテガは古典的名著ともいえる『大衆の反逆』で、「大衆とは、善い意味でも悪い意味でも、自分自身に特殊な価値を認めようとはせず、自分は『すべての人』と同じであると感じ、そのことに苦痛を覚えるどころか、他の人々と同一であると感ずることに喜びを見出しているすべての人のことである」と喝破《かっぱ》し、「自分の意思を持たない人々＝大衆」を問題視しました。

自分の政治的意見がない大衆は、他人の意見や流行にすぐになびき、気分のよくなることを言ってくれる候補者を選挙で選んでしまいます。近年、トランプの登場以来、政治におけるポピュリズムの問題がマスコミでも大きく取り上げられていますが、この「大衆迎合による権力

オルテガ　ホセ・オルテガ・イ・ガセット（1883～1955）。スペインの思想家。主著『大衆の反逆』（1929）は、大衆の台頭によるヨーロッパ社会の非道徳化を指摘し、1930年代の最も重要な現代診断の書として西欧各国でベストセラーになった。同書は、衆愚政治やポピュリズムを語る際の論拠として、日本の保守系言論人にも影響を与えている。

奪取」という構図はずっと以前から存在していました。

その最も有名な例が、ワイマール体制下のドイツにおけるヒトラーの登場です。大衆の望む〝雇用の確保〟と〝強大なドイツ帝国の復活〟を公約として、ヒトラーは大衆の支持を広めていき、選挙で勝利した後に独裁者となりました。

こうしたことが実際に起きてしまう要因には、たしかにオルテガがいう大衆の「責任感の欠如」もあることでしょう。しかし真に問題なのは、実は大衆よりも、知識人の無責任のほうなのです。いわゆる知識人は、自分の専門分野以外のところに関与するとき、もうほとんどのケースがそうだといってもいいほど、大衆の発想で動いてしまいます。オルテガは、そうした専門外でも尊大にふるまう知識人に対して、こう述べています。

文明が彼を専門家に仕上げた時、彼を自己の限界内に閉じこもりそこで慢心する人間にしてしまったのである。しかしこの自己満足と自己愛の感情は、彼をして自分の専門以外の分野においても支配権をふるいたいという願望にかりたてることとなろう。かくして、特別な資質をもった最高の実例――専門家――、したがって、大衆人とはまったく逆であるはずのこの実例においてすら、彼は生のあらゆる分野において、なんの資格ももたずに大衆人のごとくふるまうという結果になるのである。(『大衆の反逆』)

ワイマール体制●1919年第一次世界大戦終結後、ドイツ革命によって生まれた共和制の政治体制。ドイツは共和国となり民主的なワイマール憲法が制定された。しかし戦勝国からの莫大な賠償金請求によるインフレなどもあり、政治体制は不安定だった。結局1933年、ナチスが選挙で勝利して独裁制に移行し、体制は崩壊した。

実際、私はガザ紛争に関する日本の新聞記事を読んでいると不愉快になります。今回の問題の根源が、イスラエル国家とユダヤ人の生存権を担保することにある、という基本中の基本を理解できていない記者や言論人が多いからです。「最後の植民地国家であるイスラエルは、存在する権利がない」と言わんばかりの、一九六〇年代、七〇年代に新左翼の過激派が唱えていたのと同じような思考パターンの記者や有識者があまりにも多い。

こういった中途半端な知識人が大衆にたいへんな悪影響をおよぼすという点を、オルテガは強く糾弾しています。そしてこの視点は、オルテガだけのものではありません。アインシュタインとフロイトが行った往復書簡にも、共通する多くの点を見ることができるのです。

アインシュタインとフロイトとの往復書簡

アインシュタインとフロイトとの往復書簡（『ひとはなぜ戦争をするのか』）は、一九三二年に国際連盟の国際知的協力機関からの提案によって行われました。その提案とは、アインシュタインが世界中の人間のなかから好きな人間を選び、その人と、今の世界で最も重要であると思われる問題について意見交換をするというものでした。

アインシュタインが選んだ相手は、意外にも高名な精神分析医のフロイト。テーマは「人間を戦争というくびきから解き放つことはできるのか？」でした。

このテーマを選んだ理由について、アインシュタインは、「技術が大きく進歩し、戦争は私たち文明人の運命を決する問題となりました。このことは、いまでは知らない人がいません」

と述べ、さらに「私の見るところ、専門家として戦争の問題に関わっている人すら自分たちの力で問題を解決できず、助けを求めているようです」と語っています。そして、戦争の問題は人間の感情や心理とも深く関わっており、議論の相手として心理学のエキスパートであるフロイトを選んだというわけです。

ここで、二人の書簡が書かれた一九三二年という年に注目してみましょう。

この年は世界全体を未曽有の悲劇に巻き込んだ第一次世界大戦の集結から十年以上が経っていましたが、悲劇の記憶はまだ世界の多くの人々の記憶のなかにありました。この年、日本では満州国が成立し、上海事変や五・一五事件が起きています。世界に目を向ければ、一九二九年に起きた世界大恐慌の傷跡がいたるところにまだ残り、民族主義的、ファシズム的な動きが世界中で見られていました。一年後には、ファシズムの力の勝利を象徴するナチス党のヒトラーがドイツの政権を奪取しています。

こうした歴史的流れによって、人々の戦争への不安は高まっていました。一九三二年は、第一次世界大戦のような悲劇が繰り返されないためにはどうすればいいのか、そのことが、世界の多くの人々によって真剣に議論された年でもあったのです。

人間にはもともと攻撃衝動がある

アインシュタインの問いに対してフロイトは、人間には二つの欲動があると述べています。

ファシズム●ナチズムなどの独裁的権力による全体主義的な体制のことをおもに指すが、もとはイタリアのムッソリーニが率いた国家ファシスト党の思想や政治運動の総称。語源はイタリア語の「ファッショ」(束、集団、結束)から。

一つはエロス的な「生の欲動」であり、もう一つは破壊し殺害しようとする「死の欲動」です。そして、フロイトはこの絶対的に対立しているように思われる二つの欲動は、相互補完的に機能する場合が多いと指摘します。

さらに、人間を戦争に駆り立てるものの根本には、この死の欲動がある点を強調し、「人間から攻撃的な性質を取り除くなど、できそうもない」と述べたのです。

この点をふまえて、フロイトは意見を展開していきます。

> 人間は、指導者と従属する者に分かれます。（…）圧倒的大多数は、指導者に従う側の人間です。彼らには、決定を下してくれる指導者が必要なのです。そうした指導者に彼らはほとんどの場合、全面的に従います。（『ひとはなぜ戦争をするのか』）

そして、戦争を防ぐためには何をする必要があるかを述べます。

> 優れた指導層をつくるための努力をこれまで以上に重ねていかねばならないのです。自分の力で考え、威嚇《いかく》にもひるまず、真実を求めて格闘する人間、自立できない人間を導く人間、そうした人たちを教育するために、多大な努力を払わねばなりません。（前掲書）

フロイトは、この方法しか存在しないと断言しています。

生の欲動、死の欲動●ともにフロイトが提唱した概念。生の欲動は、人間の生を意識の根底で突き動かす大きな肯定的な衝動のことで、自我本能や性の本能からなる。死の欲動は、不快きわまりないことにあえて向かう執拗さのことで、無意識の自己破壊的、自己処罰的な衝動。

戦争を先導しているのはつねに知識人

大衆は戦争を煽るとよくいわれます。たしかに、ヒトラーやムッソリーニのファシスト政権を実現させたのは、大衆の責任といえます。しかし、大衆には自らが自発的に考え、行動していくというデカルト的な近代的エゴが希薄であるので、大衆自身が戦争を煽っているというのは正確な見方ではありません。

アインシュタインは往復書簡の中で、次のように述べています。

私の経験に照らしてみると、「教養のない人」よりも「知識人」と言われる人たちのほうが、暗示にかかりやすいと言えます。「知識人」こそ、大衆操作による暗示にかかり、致命的な行動に走りやすいのです。なぜでしょうか？　彼らは現実を、生の現実を、自分の目と自分の耳で捉えないからです。紙の上の文字、それを頼りに複雑に練り上げられた現実を安直に捉えようとするのです。（前掲書）

ここでは、戦争を煽っているのは知識人であり、知識人たちのほうがさまざまな扇動に最も踊らされやすいという点が、明確に示されています。

こうした状況は一九三〇年代だけの話ではありません。私たちの周りを見渡せば、いかに現在の状況と酷似しているかが理解できます。現在の社会の様相をつぶさに見てみると、知識人が社会的アイデンティティの分断を見つけ出し、それを商売にしているありさまがわかります。ジェンダー問題や、LGBTQ＋の問題の中にも、そうした要素は存在しています。

そもそも一般大衆は、普通の人ではわからない専門性の高い個々のことを、学者や大学教授、あるいはワイドショーのコメンテーターの言説に頼る傾向があります。

大学の教授でも、自分の専門分野でないことにまで公的にコメントしている様子がたびたびテレビに映し出されます。

たとえば、NATOの専門家がロシア・ウクライナ戦争のことについてコメントする。芸能人のスキャンダルについて感想を述べるのと同じレベルで、専門家でもない人間がウクライナについてコメントしている姿を、私たちは日常的に目にします。本来、地域分析は、その地域の言語（ここではロシア語とウクライナ語）を習得した人でないと正しい分析ができないはずなのに。

ドイツの哲学者・ハーバーマスは自著の中で、「順応の気構え」という言葉を用いて、大衆が専門家の意見を鵜呑みにするメカニズムを解明しています。

> 内容的にはまだ明確にされていない決定権力に対する同調態度の動機は、この権力が正統的な行動規範に合致して行使されるであろうという期待である。順応の気構えの《究極の》動機は、疑わしい場合には自分が論議によって納得させられうるであろうという確信である。（『晩期資本主義における正統化の諸問題』）

LGBTQ+●性的マイノリティ（少数派）の総称。レズビアン（女性の同性愛者）、ゲイ（男性の同性愛者）、バイセクシャル（両性愛者）、トランスジェンダー（性別越境者）、自分がどの性かわからなくなった人（クエスチョニング）を指す。そして、これら以外にもさまざまなセクシュアリティがあるという意味で「＋」がつけられている。

現代社会は複雑になっているので、一つひとつの言葉を自分で調べて、論理を追っていけば全部理解はできる。しかし、異常な時間とエネルギーがかかるために、わからないことについては、誰かが説明してくれるのを期待し、それに従う。このようにして「順応の気構え」が出てくる——ということです。この「順応の気構え」が、民主主義に反する要因になる危険性が大きいというのが、ハーバーマスの見方です。

これは、複雑な世の中の森羅万象を簡単に説明してくれるのが、まさに〝自称有識者〟によるワイドショー的なものだということを示唆しています。日本において、あるいは多くの国々でも同様に、ワイドショー的なものが、簡単にアクセスできる情報装置としての役割を果たしています。「順応の気構え」は、積極的に自分で物事を検証するという発想を、大衆から奪っているのです。

PROLOGUE 2

戦争は外交で回避できるのか?

「民主主義」という価値観では戦争は阻止できない

第一次世界大戦というたいへんな破壊と惨劇の後、平和を絶対に実現しなければいけないと多くの人々が思っていた時代、アインシュタインとフロイトという二人の天才は、戦争は回避できないことを予期していました。

この予期、つまり「世界から戦争をなくすことはできない」という事実には、重い意味があります。実際、現在も戦争はヨーロッパで起きているし(第1章参照)、中東でも起きており(第2章参照)、戦争はこの世界からなくなっていません。

では、このような情勢下で、私たち日本人はどうすればいいのでしょうか。世界全体の平和への貢献を行っていくことも大切ですが、最も重要なのは、東アジアで二度と戦争を起こさないようにすることです(第3章参照)。ヨーロッパや中東での戦争は、もちろん大きな問題ですが、まずは東アジアで、私たち日本人はこの難問に不可避的に対峙することになります。

民主主義という価値観で戦争は阻止できないことは、最近の歴史が証明しています。民主主義を守るというスローガンの下に行われた**イラク戦争**とその後の世界情勢を見ても、このことがよく理解できます。なぜ、民主主義を押し出しただけでは、戦争は阻止できないのでしょうか。それは、世界にあるすべての国が、いわゆる西側的（アングロ・サクソン型）民主主義国家ではないからです（本書と同シリーズの『民主主義の危機』を参照）。

イギリスのジャーナリストであるマーティン・ウルフは『民主主義と資本主義の危機』の中で、「フーバー研究所の高名な政治学者であるラリー・ダイアモンドは、自由民主主義の4条件――自由で公正な選挙、市民の積極的な参加、すべての市民の公民権と人権の平等な保護、法の下の平等――を挙げている」と書いていますが、こうした条件がすべてそろっている国は、実はそれほど多くはないのです。

そうであるならば、どうすればよいのでしょうか。その答えは、異なる価値観を持つ国家同士がうまく棲み分けをすることです。

たとえばアングロ・サクソン型の、より正確にいうなら、アメリカ型の民主主義を、北朝鮮の金正恩体制やロシアのプーチン体制、あるいは、中国の習近平体制にむりやり押しつけてはいけないのです。

まったく違う体制の国にアメリカ型の民主主義を押しつければ、必ず対立が起きる。対立が起きるだけではなく、それが戦争の火種になる場合もあります。また、いかなる形でも、交渉国は国民から選ばれた（選挙制度がなくても、少なくとも国民から支持されている）体制であ

イラク戦争●2003年に米ブッシュ政権を主体とする連合国軍が起こした、フセイン大統領率いるバース党政権下のイラクへの侵攻。連合国側の圧倒的勝利に終わるも、当初アメリカが指摘していた大量破壊兵器の発見には至らず、2011年12月に米軍は完全撤収。オバマ大統領が戦争終結を正式に宣言した。

ると認めた上でなければ、交渉はできません。自分たちの体制のルールが絶対であるという価値観で交渉すれば、交渉がまとまる可能性はきわめて低くなります。

ここで、日本に住む私たちの取るべき姿勢についての話に戻ります。先ほども述べましたが、私たちにとって最も重要なことは、東アジアで戦争を起こさないことです。

私は戦争を煽るような言説には絶対に与しません。現在も世界ではさまざまな武力衝突が起きていますが、その中でも、事実上の戦争であるヨーロッパで起きているロシア・ウクライナ紛争、中東で起きているイスラエル・ガザ紛争はきわめて深刻な問題です。

こうした紛争の影響を、どうやって東アジアに及ぼさないか。どのようにして戦火を拡大させないかを考えることが必要です。加えて、日本には「戦争を起こさないし、戦争に巻き込まれない」という強い決意が大切になります。私たち日本人は、アメリカ型の民主主義に引きずられることなく、現実的な視点に立って行動していくべきなのです。

戦争は外交の延長線上にある

プロイセン王国（現在のドイツ）の軍人・クラウゼヴィッツの『戦争論』には、「戦争は外交の延長である」という有名な一節があります。核兵器の登場によって、クラウゼヴィッツのこの考え方は通用しなくなったという意見もありますが、それは違うと思います。

現在でも、二国間の枠組みという限定した条件においてなら、戦争は外交の延長線上にあり、

クラウゼヴィッツの『戦争論』カール・フォン・クラウゼヴィッツ（1780〜1831）による戦争論の古典的名著。1832年刊、全10巻。ナポレオン戦争参加時の経験にもとづく軍事研究書で、戦略、戦術のみならず、戦争のあらゆる側面が体系的に記述されており、現在の政治学、安全保障研究の観点からも高く評価されている。

話し合いや交渉によって回避できるのです。今、日本は北朝鮮の核の脅威にさらされています。この脅威から、外交の力によって回避することは可能なのです。

私は「脅威＝意思×能力」と考えていますが、この方程式に従って、北朝鮮の能力、すなわち核兵器が破壊できないという現状がある以上、脅威をなくすためには「意思」をなくせばいいという結論に至ります。

簡単にいうなら、相手と友だちになればいいのです。相手の攻撃の意思を極小化すれば、相手の脅威もほぼなくなります。敵対関係にある国とも信頼関係を築いて、いかに話し合いで問題を解決していくことができるか。そこに外交の真骨頂、そして最大の使命（ミッション）があります。

そもそも、北朝鮮が核を持ったらどうなるのか、台湾海峡の有事が起こったらどうなるのか、という問題設定自体が間違っているのです。日本は受動的な立場に身を置くことをせず、積極的に脅威となる相手ともさまざまな手段を用いて交渉すべきなのです。

「北朝鮮は独裁主義国家だから交渉などできない」と最初から決めつけてしまうと、北朝鮮の核の脅威を取り除く手段は武力行使以外になくなってしまう。そうなれば、戦争は避けられず、結果、たくさんの尊い命が失われてしまいます。そうならないためにも、外交の力が必要となるのです。

フロイトの主張から考える

繰り返しますが、『ひとはなぜ戦争をするのか』で、人間には「保持し統一しようという欲動＝生の欲動」と「破壊し殺害しようとする欲動＝死の欲動」があると、フロイトは述べています。そして「ともすれば、こうした対立物の一方を『善』、他方を『悪』と決めつけがちなのですが、そう簡単に『善』と『悪』を決めることはできないのです」とも述べており、重要なのは二つの対立物を上手に統合していくことであると主張しています。

また、フロイトは「人間は、指導者と従属する者に分かれます。生まれつき備わっている性質からして、人間というものはこの二つのグループに分かれるものであり、これはいたしかたないことです」とも述べています。

このフロイトの考え方に従えば、世界には二通りの国家しかないということになります。すなわち、世の中には命令をする人たちとその命令に従う人しかいないのと同様に、世界には「ゲームのルールをつくる国家（大国、もしくは帝国主義国）」と「そのつくられたルールに従う国家」の二つしかないのです。

では、日本はどちらなのか。私たちは日本を、既存のゲームのルールに従う国家と考えがちですが、日本はむしろゲームのルールをつくることができる国家です。だから私は、日本は与えられた既存のルールに従うほうの国家という前提でばかり議論が行われることに、いつも非常に不可解な思いを抱いています。

アルベルト・アインシュタイン
（1879－1955）

教養のない人より知識人のほうが、
致命的な行動に走りやすい。

人間から攻撃的性格を
取り除くことなどできない。

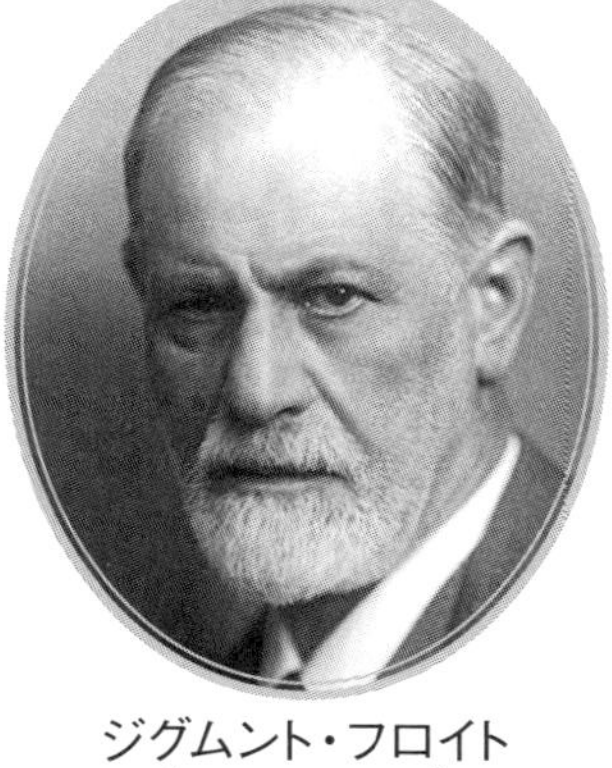

ジグムント・フロイト
（1856－1955）

オルテガ・イ・ガセット
（1883－1955）

大衆は政治家を評価する際、
誰かの意見を参考に賛成か反対かを述べる。

現在の状況として、私たちは明確にゲームのルールをつくる必要があります。それは何かといえば、「東アジアで戦争を起こさない」ことについてです。日本はそのために外交的に最大の努力をするべきであり、「東アジアで戦争を起こさない」という目標を明確に設定し、そこからゲームをスタートさせないといけない。

現に岸田政権は〝無意識のうちに〟ではありますが、「東アジアで戦争を起こさない」という戦略を取っています。二〇二三年九月十九日に国連総会で行った岸田首相のスピーチに、それがよく表されています。スピーチを要約すると、だいたい次のようになります。

今、世界はさまざまな困難と課題に直面しているけれども、イデオロギーや価値観で国際社会が分断されては問題に対応できないゆえに、人間の尊厳に光を当てて、体制や価値観の違いを乗り越えて、人間中心の国際協力を進めていこう。

この考え方は武力によってではなく、「外交」によって争いを解決しようという日本政府の意志を明確に表明したものです。つまり、民主主義が正義であり、それ以外のイデオロギーを決して認めず、それこそがすべてであるというアングロ・サクソン型の、さらに限定すれば、アメリカ型の民主主義の押しつけを乗り越えて（あるいはいったん棚上げにして）、イデオロギーや価値観といった理念ではなく、現実的な問題に限定しながら、解決可能な部分を取り上げて話し合うことによって、外交的にさまざまな困難がともなう問題を解決していこうとする姿勢の積極的な現れなのです。

日本がこの方向性で外交を進めることは、世界にとっても、日本にとっても悪いことではありません。アメリカなどのアングロ・サクソン型の国は、先程も述べましたが、民主主義という大前提を崩すことを決して行わず、他国と交渉しようとします。それに反して、上記のような外交姿勢を日本が取り続けることによって、東アジアで戦争が起きることが避けられると私は考えています。なぜなら、お互いに理解し合える範囲内での交渉は合意に至りやすいものですし、一つの問題が解決すれば、次の問題を解決するための大きなステップにもなり得るからです。

この外交姿勢と関連して、ドイツの哲学者、カール・ヤスパースの言葉を最後に引用しておきます。

> われわれは語り合うということを学びたいものである。つまり自分の意見を繰り返すばかりでなく、相手方の考えているところを聞きたいものである。主張するだけではなく、全般的な関連を眼中に置いて思索し、理のあるところに耳を傾け、新たな洞察を得るだけの心構えを失いたくないものである。ひとまず相手方を認め、内面的にためしに相手方の立場に立ちたいものである。（『戦争の罪を問う』）

カール・ヤスパース●ドイツの哲学者、精神科医（1883～1969）。実存主義哲学の代表的論者の一人。ナチス台頭後、ユダヤ人だった妻の強制収容所送りを頑として拒否し、終戦まで自宅立て籠もりを決行。ドイツの戦争責任論など、政治的な発言や著作も多い。

PROLOGUE 3

独裁主義とヒューマニズム

カール・シュミットの独裁理論

ドイツの法学者で、ヒトラーの独裁政権を法学理論で支えたとされているカール・シュミット。彼はワイマール共和国きっての法学者でした。彼の理論のなかで、今も議論されるものが二つあります。

一つは独裁に関する理論で、もう一つは「友・敵理論」です。ここでは「友・敵理論」について見ていこうと思いますが、その前に、シュミットの学説をよりよく理解するため、独裁に関する理論についても先にふれておきます。

独裁の形式を、シュミットは『独裁――近代主権論の起源からプロレタリア階級闘争まで』で、二つに分けています。一つは「委任独裁」、もう一つは「主権独裁」です

前者は憲法によって制定された権力の範囲内で、一時的な権力集中を合法的に設け、危機を克服しようとする独裁体制です。それに対して、後者はまったく新しい国制を創出しようとする人民大衆の直接の権力、つまり、憲法制定権力に基づいて行動する独裁体制です。

シュミットは、戦争などの緊急性を必要とする国家的な危機においては、〝例外状態〟としての委任独裁が認められると主張し、ヒトラーの権力奪取を正当化しました。

ところで、国家社会主義（ナチス）に対しては、シュミットだけでなく、『論・想・談』などの著作を書き、マルクスの『資本論』の日本で最初の全訳を行った高畠素之を押さえておく必要があります。高畠は、共産主義国家の根本原理が独裁原理にあることを見抜き、独裁という方向からソ連を考察していきました。高畠の視点はシュミットの視点と共通するものが多くありましたが、一九二八年に四十二歳で亡くなりました。独裁体制を学ぶ上では、はずせない人物といえます。

シュミットの話に戻ります。議会制民主主義は国家的行動を決定するために、議会での長い討論と議決というプロセスを必要とします。そのために、緊急に決定しなければならない最優先事項も、決定のための時間がかなりかかってしまいます。スピーディーな時間が要求されているにもかかわらず、決定がすぐには行われないという大きな欠点が議会制民主政治にはあるのです。

シュミットの独裁に関する理論は、この問題点を鋭くつき、緊急時における例外状態としての独裁を認めることで、国家的危機に対して速やかに対応できることを論証しました。

「友・敵理論」とは何か？

シュミットの独裁理論の根底にあるものが「友・敵理論」です。彼は『政治的なものの概

高畠素之　たかばたけもとゆき(1886〜1928)。日本の社会思想家、哲学者。日本ではじめてマルクス『資本論』の全訳を行い、ボリシェビキのソ連を評価。のちに日本の国家社会主義化を唱えた。詳細は、『高畠素之の亡霊』佐藤優(新潮選書)を参照されたい。

念』で、「政治的な行動や動機の基因と考えられる、特殊政治的な区別とは、友と敵という区別である」と述べています。

シュミットは、人間にとって根本的なものである政治、道徳、芸術といったものを、すべて二項対立概念によって理解しようとしており、政治における二項対立概念は「友と敵」であると主張しているのです。

二項対立概念では、AかBかによって物事を判断するので、対象となる物事をAかBかに迅速に区分することができ、何を排除し、何を拾い上げるかを簡単に選択することが可能です。もっとわかりやすい言い方をすれば、友は味方で守るべき対象であり、仲間であって同じ方向に進んでいる同志です。敵は戦うべき対象で、憎むべき、否定すべきもので、自分たちとは絶対に相容れない存在です。この二分割は当然ながら、友として存在する者との連帯と、敵として存在する者との戦いを強調します。

「敵とは、競争相手とか相手一般ではない。また反感をいだき、にくんでいる私的な相手でもない。敵とはただ少なくとも、ときとして、すなわち現実的可能性として、抗争している人間の総体——他の同類の総体と対立している——なのである。敵には、公的な敵しかいない」というシュミットの主張は、「友・敵理論」が、私的感情とは無縁であり、個人的な利害とも関係しない点を強調しています。敵とは、あくまでも公的な敵なのです。

高い道徳性を持つ者も敵になり得る

シュミットは『政治的なものの概念』で、「政治上の敵が道徳的に悪である必要はなく、美的に醜悪である必要はない。経済上の競争者として登場するとはかぎらず、敵と取引きするのが有利だと思われることさえ、おそらくはありうる。敵とは、他者・異質者にほかならず、その本質は、とくに強い意味で、存在的に、他者・異質者であるということだけで足りる」という指摘を行っています。

この定義は面白い考え方で、敵は必ずしも道徳のない無法者とは限らないというのです。逆にいえば、高い道徳性を持っている者でも敵になり得るということです。

そしてシュミットは、友と敵は、あくまでも政治的なものであるといい、「道徳的に悪であり、審美的に醜悪であり、経済的に害であるものが、だからといって敵である必要はない。道徳的に善であり、審美的に美であり、経済的に益であるものが、それだけで、特殊な語義における友、つまり政治的な意味での友とはならない」というのです。両者はあらかじめ対立しているという、まさにこの考え方が「友・敵理論」の基盤となるものです。

つまり、この理論は、平和というものを前提とせず、戦争というものを前提とするものであることを明確に示しています。

それゆえ、世界中で紛争が起きている現在、シュミットの本を読むことは非常に大事です。しかし、ただ単に彼の理論を読むのではなく、彼の理論を超えて平和を実現させるためにはどうするかという、最も難しい点を考えなくてはなりません。

共生とヒューマニズム

シュミットの理論の「友と敵」という二項対立概念を超えなければ、平和というものは考えられないでしょう。では、どうするべきか。この二項対立を超えるためには、私はヒューマニズムという概念を持ってくる必要があると思います。

私が定義するヒューマニズムは、「人間中心主義」というよりも「人道主義」という側面が強いものです。しかも、単なる人道主義ではなく、共生という側面を強く持ったヒューマニズムです。

哲学者の務台理作は『現代のヒューマニズム』において、ヒューマニズムというものは、生産的な生きた思想でなければならず、思想以外の生活意識を母胎としている。思想があってそれから生活があるのではなく、生活と実感があってはじめてその上に思想が昇華していくものなのだと述べています。

つまり、ヒューマニズムは生きるための土台であって、それが私たちの実存を支えている、と言い換えてもいいでしょう。

務台はこのヒューマニズムの持つ根源性を強く意識しながら、神学者カール・バルトに言及し、「キリスト教神学は何々主義というようなものを必要としない。もししいてヒューマニズ

ヒューマニズム 人間というものの本性をさまざまな角度から究明し、人間の持つ尊厳や自由を強調する考え方。ルネサンス期に生まれた人文主義と、すべての人に平等な人格を認め、人類全体が幸福になることを理想とする人道主義、人間を世界の中心ととらえる人間本位の人間中心主義に分けられる。

ムという語を用いるならば、『神のヒューマニズム』とよぶべきものであろうと述べた」と記していいます。このような、対立ではなく共生への道を探るための、思想的な立場を超えた発言が、一九六〇年代当時でもさまざまな方向からあったことが理解できますが、現在においても、こうした探究は絶対に必要なものです。

もう一つ別の著作を挙げておきます。フランス文学者の渡辺一夫は『ヒューマニズム考　人間であること』で、「わたしどもは、自分らの幸福で健康で便利な生活のためにと思ってつくりだし、考えだしたさまざまなものの奴隷になりやすいのではないでしょうか。原子力を発見したり、人工衛星を打ち上げたり、月まで飛んでいけるような方法を考えだしたりした現代人は、自分が獲得した力や技術が、昔の人々が想像できなかったような巨大なものであるだけに、その力や技術の使用には、同じく昔の人々が想像できなかったような注意と責任とをもたなければならなくなっています」と述べています。

渡辺はここで、ヒューマニズム的な責任の重要性について語っていますが、こうした〝人間としての責任〟という問題は、人種、宗教、風俗、政治体制、文化などを超えて、共生という道を探るための重要な鍵となるものだと私は考えています。共生する、というメタ（高次）の論理がなければ、あらゆる事象からは戦争と破壊が導かれるだけです。そして、このメタ論理の核となり得るもの、それがヒューマニズムであると私は確信しています。ヒューマニズムこそが、シュミットの「友・敵理論」を超え得る唯一の概念なのではないでしょうか。

共生●異なる立場の者同士が、ともに生きていくこと。性質の違う者同士が協力し合って生きていくためには、他者の存在を認め、何らかの負担や犠牲は覚悟の上で、できる限りのコミュニケーションを取りながら生きていかなければならないことが条件となる。

PROLOGUE 4

GDPではわからないアメリカとロシアの差

弱体化するアメリカと軍事状況の関係

フランスの人類学者エマニュエル・トッドは、アメリカが弱体化したことが現在の二つの戦争（ガザ戦争、ウクライナ戦争）の原因であると結論づけています。

トッドは二〇〇六年に発刊された『「帝国以後」と日本の選択』で、今ではアメリカはとるに足らない勢力となりつつあるとはっきり述べていますが、たしかに今やアメリカの弱体化は明白な事実になったといえるでしょう。これまで経済力、軍事力で群を抜く超大国であったアメリカですが、もはやその力を維持することが困難になっています。軍事力だけは維持しようとしていますが、それが悪い方向に向かっているようにも思われます。

さらにトッドは『第三次世界大戦はもう始まっている』で、「アフガニスタン、イラク、シリア、ウクライナと、アメリカは常に戦争や軍事介入を繰り返してきました。こうなってしまったのは、戦争で間違いを犯しても、大きな島国のような存在で、脅威となる隣国もなく、世界一の軍事大国でもあるアメリカ自身は侵攻されるリスクがないからです。どんな失敗をしても、生き延びられてしまうのです。だから間違いを繰り返すのです」と指摘しています。

（上）ロシア、赤の広場における軍事パレード。2015年の対独戦勝記念パレードはクリミア併合以降はじめて行われたパレードで、招待状は68カ国の首脳に送られた。（下）兵士を激励するショイグ国防相。
Photo by Kremlin.ru / Wikipedia

トッドが言うように、戦争はもはやアメリカの文化やビジネスの一部になっているといっても過言ではありません。

弱体化しているにもかかわらず、相変わらず各地の紛争に首を突っ込もうとするアメリカの姿勢からは、戦争産業によってなんとか生き延びようとするアメリカの落日の姿がはっきりと浮かび上がってきます。トッドの見解に立てば、現在起きている多くの紛争の根本原因にアメリカが関わっていることが理解できます。

GDP重視はもはや時代遅れ

二〇二三年のＩＭＦが発表した世界の名目ＧＤＰの数値によれば、ロシアのＧＤＰはアメリカの約七・三パーセントですが、その指標で国力を測るのは時代遅れです（同シリーズ『民主主義の危機』を参照）。なぜなら、サービスがＧＤＰに占める割合がアメリカでは非常に高く、たとえばトランプの女性関係の裁判での費用もＧＤＰに反映されるし、トランプの問題だけでなく、訴訟社会のアメリカの膨大な弁護費用もＧＤＰに反映されます。

トッドは『第三次世界大戦はもう始まっている』で、「モノであれば、鉄の量にしろ、自動車の台数にしろ、水増しする余地は少なく、社会に存在する生産力（＝現実）をより忠実に反映します。ところが、サービス分野では『現実』から乖離した過大評価が往々にしてなされてしまう」という指摘を行っています。

GDP 国内総生産。一国の経済活動で、年間の生産総額から原材料、中間生産と海外での生産分を控除したもの。一般に国内の経済活動を的確に表す指標だとされているが、問題も多い。

ＧＤＰに関しては、多くの経済学者がさまざまな問題点を指摘しています。ダイアン・コイルは『ＧＤＰ――〈小さくて大きな数字〉の歴史』で、「経済の議論には、いつも決まってＧＤＰが持ちだされる。とてもなじみのある言葉なので、みんなその意味をよく考えてみようともしない。統計上の困難や課題はすべて覆い隠されている。ＧＤＰは、経済の様子を知るための便利なショートカットなのだ」という発言を行っています。

つまりＧＤＰは、利便性が高く、それに代わる指標を見つけられないために今も使われ続けている経済指標なのです。ですから、ＧＤＰだけを根拠にした理論には大きなリスクがつきまといます。

また、経済学者の武野秀樹は『ＧＤＰとは何か』で、ＧＤＰの数的な格差に触れ、「これらの数字が、そのままその国の『一人当たり生産活動の規模』、あるいは『人々の暮らしの物的豊かさ』を表しているのかは大いに疑問のあるところである。これらの一人当たりＧＤＰの国際比較をもって、『暮らしの物的豊かさ』の国際比較とすることは、疑問があるどころか、誤りだといえる」と述べています。

こうした意味で、ウクライナとロシアとの戦争は、ＧＤＰ神話を打ち壊した象徴的な出来事であるということもできるのです。

この戦争での序盤戦のウクライナの健闘（その多くはアメリカとイギリスから供与された、ドローンやジャベリンなどの対戦車兵器によるもの）のおかげで、ロシアの国力を過小評価し、

ジャベリン●アメリカで開発された、歩兵携行式多目的ミサイル。

ウクライナが勝つとか、優位だとか述べているコメンテーターが数多くいましたが、彼らの発言はまったく滑稽です。

ここで別な観点からアメリカとロシアとを比較してみましょう。

エマニュエル・トッドは『我々はどこから来て、今どこにいるのか?』で、「経済のグローバリゼーションが進むなかで、『生産するよりも消費する国＝貿易赤字の国』と『消費よりも生産する国＝貿易黒字の国』への分岐がますます進んでいることが確認できます」という指摘を行い、アメリカは消費する国と位置づけました。アメリカは中国などアジア諸国から食料やエネルギーを輸入して、それを消費にあてて現在の豊かな生活を維持しているのです。

もちろん、この現象はアメリカ限定のものではなく、西洋の先進国全体にいえることです。トッドは『第三次世界大戦はもう始まっている』で、「西洋社会、すなわちEUを含めたリベラル寡頭制の陣営は、権威的民主主義陣営の『生産力』なくして生き延びることができない状態にあるのです」と書いています。

結局、中国やロシアなどの生産する国の存在がなければ、アメリカの今の豊かさは維持できないところに来ています（EUの元締めのドイツも天然ガスでロシアに依存しており、アメリカと同じく消費する国になりつつあります）。

一方ロシアは、GDPは低いですが、それだけでは測れない優位性がある。それは自国で燃

権威的民主主義陣営●欧米型ではない強権的な民主主義を採用している国家群のこと。ここではロシアや中国などの国々を指している。

料資源を自給でき、食料を生産できる国であるからです。ちなみに、日本は消費国家と生産国家の中間といえるかもしれません。

戦争がはじまった当初のウクライナの意外な健闘を、圧倒的な国力＝ＧＤＰがある欧米諸国が応援しているからだというメディアの声がありました。しかしながら、それは間違った無責任な報道です。ロシアのほんとうの強さは自ら食料を生産し、天然ガスという資源を有しており、一国の中で自立できる点にあります。自国だけで、食糧自給とエネルギー自給を行うことができる国は、世界に二カ国しかありません。それはアメリカとロシアです。その両国が実質的には、今、戦争を行っているのです。

もう一つ大きな問題があります。グローバル化した現代において、消費する国が生産する国との関係を絶って生きていくことは不可能です。西側諸国がロシアに経済制裁を行っていますが、この措置によって困るのは西側諸国の可能性が高いのです。

このことに関して、トッドは戦争の帰趨をめぐって次のように語っています。

「ロシアの侵攻にウクライナはどれほど耐えられるのか」「西側の経済制裁にロシアはどれほど耐えられるのか」ということばかりが議論されていますが、実は「これほどグローバル化した危機に、アメリカと西側はどれほど耐えられるのか」こそ問われなければなりません。（『第三次世界大戦はもう始まっている』）

アメリカで開発された歩兵携行式多目的ミサイル「ジャベリン」。戦車や低空飛行のヘリコプターへの攻撃能力を備える。

ロシアの実力を過小評価してはいけない

専門家を含めた多くの人たちがロシアの力を過小評価していますが、ロシアには底力があります。それを証明するために、ここでアメリカとロシアの技術者の数を比較してみましょう。高等教育を受けた技術者は兵器の生産などに従事する非常に重要な存在ですが、アメリカはそうした技術者数が極端に少ない国です。

トッドはすぐ前で引用した本の中で、「二〇一九年のＯＥＣＤの調査によれば、高等教育の学位取得者のうちエンジニアが占める割合は、アメリカが七・二％であるのに対してロシアは二三・四％です」と述べています。

この差はきわめて大きなものです。アメリカは自らモノをつくることをもはや諦めていて、同盟国や途上国からの物資の輸入で豊かさをキープしているだけであることがはっきりと理解できる数値です。

このように見ていくと、ウクライナとロシアの戦争が長引けば長引くほど、アメリカで生産されるジャベリンなどの精密兵器のウクライナへの提供は、継続できなくなるかもしれません。この種の精巧兵器はかなりのコストがかかるだけでなく、エンジニアの不足によって生産がまったく追いつかなくなるからです。そうなれば、より単純で生産しやすい爆弾やミサイルなどの兵器を使わざるを得なくなるでしょう。

つまり、戦争の形態や戦術が、トッドが指摘しているように、第一次世界大戦のような塹壕《ざんごう》戦に近い形のものに先祖返りしていく可能性が高まっていきます。

表面的かつ限定的な統計で十分であった時代に機能していたＧＤＰという基準によって、国力を測るのは現在では意味がありません。ロシアのほんとうの実力を見るためにＧＤＰという基準を用いるのはあまりにもナンセンスです。「国力＝戦争での強さ」といった方程式のほうが、より現実を映し出す鏡となり得るのです。ウクライナとロシアとの戦争が、この点をはっきりと示したことは間違いのない事実です。

PROLOGUE
5

「アラブの春」の失敗から中東のリアルを見る

アラブの春への期待が裏切られる

二〇一〇年のチュニジアのジャスミン革命からはじまり、二〇一二年まで続いたアラブ諸国の民主化運動である「アラブの春」。これらの運動によって、イスラム諸国にも民主主義の波が押し寄せ、自由な国家体制の国々が数多く誕生するのではないかという期待が世界中から寄せられました。しかし結果を見れば、アングロ・サクソン的な民主主義は定着しませんでした。なぜそうなったのか。それを考えることはとても重要です。

ジャーナリストの田原牧は「気がつけば、『春』ははるか後景に退き、人びとの口からは代わりに宗教、そして宗派抗争を案じる言葉がつぶやかれていた。イスラーム主義というこの地域の大命題がエジプトに限らず、『アラブの春』がめぐった先々の国で立ちはだかっていた」（『ジャスミンの残り香』）と民主化の失敗について述べています。

また、レバノン生まれのアラブ中東問題の専門家ジルベール・アシュカルは、『アラブ革命の展望を考える』で、アラブの春以降のアラブ諸国の様相に関して、「この地域では、革命的

アラブの春●2010年から2012年ごろの間、それまで北アフリカや中東で支配的であった長期独裁政権が民衆の力で倒され、一時的であるが民主国家が生まれた出来事。最初に起きたチュニジアの独裁政権の崩壊は、ジャスミン革命と呼ばれた。

チュニジアのジャスミン革命における抗議活動（2011年4月20日）。Photo by Engin Korkmaz / iStock

極を組織的に体現するほど十分に強力で、アラブ諸都市の広場で表明された『人民の意思』に沿った社会・政治的変革を政治的に指導する能力をもつ組織的に十分に強力な勢力が存在していない」と述べ、結局、アラブ世界において根本的な政治転換が起こらなかったのは、〝進歩的な指導部〟が登場しなかったからだと指摘しています。

イスラム教国における人権の問題

もっとはっきりいえば、アラブの春の失敗は人権思想というものがイスラム教国家に定着していなかったということに起因します。

アメリカの政治学者ウィンストン・E・ラングリーが書いた『現代人権事典』には、アラブ諸国の人々に関して「政府の人権対策に対する住民の意見も一様ではない。一部の市民はイスラム教と相容れない人権規範を否定している」という記述があります。この「一部」という表現は正しくはなく、「大部分」と修正されるべきでしょう。

人権思想は十八世紀ごろに西洋社会で生まれた、比較的新しい思想です。これは212ページでも触れていますが、重要なことなのでここでも述べておきます。

イスラム世界の人権という問題を考える前に、人権という思想がそもそもどのようにして形づくられていったのかという点を、まず見るべきです。

人権と対をなすものに、神権があります。人権は神権という概念を象《かたど》ってつくられたものです。どういうことかというと、まずはじめに神権があった。つまり、神という存在が前提にありました。ところが、天にいる神が持っている権利＝神権というものが維持できなくなり、そのときに人権が生まれたのです。

ドイツの哲学者フォイエルバッハは『キリスト教の本質』において、「神が人間を造ったのではない。人間が神を造ったのだ」という主旨の発言をしています。そうであるならば、神は創造物にしかすぎず、そこには権利は存在せず、人間の権利こそが重要となります。

それは、物理学上・天文学上のパラダイムの転換、いわゆる「コペルニクス革命」のアナロジーです。地球が太陽の周りを回っている球体の惑星だとするならば、宇宙空間では、どっちが上でどっちが下かという問題は意味を失います。そうなれば、私たちの上＝天上に神が存在するという、今まで自明だったことに矛盾が生じて、存在しなくなった神の持っていた権限はどこにいくのかという問題が生じる。そのようにして、必然的に神権は人権という形となって、天上から地上に一種の恩恵として降りてきたのです。

これが、人権は神権を象ったものであると先に述べた理由です。すなわち、権利の主体を神から人間にすり替えたものが人権思想なのです。

ところで、中世にも自然法はありました。中世においては、悪ければ悪いほど「自然」であるという考え方が主流でした。ペストがあり、戦争があるのは自然な状態なのです。なぜなら、人間は**原罪**を持っているから。罪が形になると悪になると考えられていたのです。

原罪●キリスト教における原初の罪の概念で、すべての人間は罪を背負っている、とするもの。『聖書』創世記によれば、神が禁じていたにもかかわらず、知識の木の実をアダムとイヴが食べてしまったので、その罰として楽園を追放された。この世界最初の罪が今も解消されないまま全人類に及んでいるとされる。

つまり、悪が蔓延していれば蔓延しているほど、自然なのだという捉え方をしていたのです。たとえばキリスト教では、イエス・キリストが再臨して、最後の審判の後に神の国が実現し、そこではじめて人々が望むような状態になるのであって、悪ければ悪いほど、この世にふさわしく、人間的であると見なされていたのです。

ところが、それがあるとき転倒してしまう。天国は天上界には存在せず、天国は地上にあるべきものなのだという考えが現れた。それが人権思想でした。神の持っていた権利は本来人間が持つべきものだった、という考え方が起こったのです。

こういう前提があって、新たなコード化が行われ、近代の民主主義とその根幹をなす人権思想が成立したという経緯なのです。

イスラム世界に目を向けると、アラブの春のとき、北アフリカやアラブ諸国から西側諸国に留学をしたインテリ層の若者たちが、「これが民主主義なんだ」という形で革命を起こして、人権の必要性を強く訴えました。ところが、アラブ諸国の民衆は人権ではなく、神権を信じていた。だから一般民衆が「神権政治を実現する」というサラフィー主義のイスラム原理主義者に投票するのは、必然的な流れだったのです。

民意が人権ではなく神権を望んでいるのですから、たとえ自由主義的な選挙が行われたとしても、選ばれるのは神権主義者で、西側的な民主主義制度は埋没してしまいます。世界観が異なる以上、これは当然の結果であると私は考えます。

イスラム原理主義●20世紀以降、本格的になった中東諸国でのイスラム教を絶対の原理とする政治思想。イスラム教の原点に立ち戻ることを主張し、イスラム圏国家の世俗化や西洋化に反対して、イスラム教の原理に基づいた国家の構築を主張する考え方。結果、排他的、急進的となり、多くのテロリズム組織を生んだ。

西洋的民主主義の論理との対立

自由選挙を通じて選ばれるのは神権主義者であり、アングロ・サクソン型民主主義制度がつぶされても、そこに至るまでの手続きは西側的民主主義に則っています。西側的民主主義に則って神権政治が生まれるとは、なんともいえない皮肉です。

ここで問題となるのは、西側諸国の人々も、アラブ諸国から西側諸国に留学したインテリたちも、全員が「民主主義は普遍的な価値だ」と思っている点です。自由な民主主義においては、一人ひとりが同じ一票という投票の権利を持っているという考え方、すなわちアトム的な人間観を重視します。しかし、こういう考え方が実際に民主主義的な体制をもたらすことは、非常に限定された場所でしか起こらないのです。

このように検討していくと、アラブの春は混乱を引き起こしただけという評価が可能となります。混乱を引き起こすだけ引き起こして、その結果、中途半端な強権主義体制が倒れ、大混乱が起き、シリアやエジプトのように、強権体制がより強化された神権国家ができあがってしまったというわけです。

こういった国々では、強権的なリーダーでなければ国民をまとめきれないという現実もあります。より正確にいうなら、まとめきれないというよりも、民衆のほうが強権的なリーダーを求めていて、民主主義的選挙を行っても、神権に従うという公約を掲げる候補者が当選してしまう。一部のインテリ層だけが西洋的価値観を持っていても、ほとんどの民衆が神を強く信じ

アトム的な人間観　アトムは原子のことで、原子のように他者とつながらず、個人個人が自由な考え方を持つということ。他者とつながらないため、結局国家に依存せざるを得ず、全体主義に転換する場合も多い。

ているのですから、西洋型の民主主義システムがうまく作動するはずはありません。

もちろん、西洋型民主主義と伝統的信仰とに折り合いをつけ、両立させられないことはないでしょう。ただし、どちらかが極端に強くなると、とたんにバランスも体制も崩壊してしまう。そんな不可避的な現実が存在するのです。

CHAPTER-1

第1章

ロシア・ウクライナ紛争の行方

2022年に突如ロシア軍が
ウクライナに軍事侵攻したとき、
西側メディアはこぞって
ロシアを非難した。
しかし、今その風向きが変わりつつある。

CHAPTER-1

1

ロシアの内在的論理とは何か？

相手の内在的論理を読み解く意義

ある国やある民族の特質、その根っこにある部分を理解するためには、その国や民族の持っている内在的論理を知る必要性があります。

ロシアによるウクライナへの軍事侵攻に関する日本の報道を見ると、ウクライナ側の悲惨な状況を伝える内容が大半を占めています。ロシア、ウクライナ双方の内在的論理を理解しようというような視点はほとんど見られません。

一刻も早い停戦を実現するためには、ロシア、そしてウクライナの内在的論理を理解することが重要です。そのためには、膨大で雑多な情報（オープンソースな情報）からノイズを排除して、私たちを取り囲んでいる情勢の本質を正確に取り出し分析する〝インテリジェンス〟を紡ぎ出す営みが必要になります。

相手の内在的論理を知ることは、相手の行動の源泉になっているものを知ることです。それは価値観や基準、あるいは歴史や文化などから生まれる思考の枠組みを知ることなのです。そ

内在的論理　物事を判断するにあたって何を重要視しているかという、価値観や信念の体系。国際紛争を解決するには、他者の内在的論理を理解する必要がある。

れがわかれば相手の行動をよりよく理解でき、紛争があるならば、その紛争を終わらせるための和平のテーブルに相手を着かせる方法を見出すことが可能になる。

ここでは、今回のウクライナとロシアとの紛争における両国の内在的論理、特にロシア側に注目して考察していきたいと思います。

ウクライナ侵攻の遠因はアメリカにある

二〇二二年二月二十四日、西側の大方の見解に反し、ロシアはウクライナに侵攻しました。「プーチンの戦争」とも称されているこの紛争の大義名分は、ウクライナ東部のルハンスク州、ドネツク州の親ロシア派の住民を保護し、当地を非軍事化するというものです。

ロシアの侵攻を主導したプーチン大統領は、国連憲章を自身の恣意的解釈で破り、世界の秩序を破壊したとして、アメリカをはじめとする西側諸国からの強い非難にさらされました。たしかに、武力によって他国に侵攻したプーチン大統領の行為は、決して許されるものではありません。しかし「すべてプーチンに非があり、国際法を蹂躙し、主権国家を侵略したロシアが責めを負うべき」という視点にのみ立脚していては、今回の侵攻の全容と真相を捉えることはできず、この紛争を早期に終わらせることもできません。

この侵攻に至るまでには、実に複雑で長い経緯が存在しています。それを理解していなければ、現在の私たちの生活にも少なからず影響を与えているウクライナ紛争の本質をつかむことは不可能です。

まず、ウクライナの災厄を招いた元凶は、アメリカであるということを明らかにしておきましょう。

シカゴ大学の国際政治学者ジョン・ミアシャイマー教授は、ソ連崩壊後の東西冷戦の終結以降、このままでは西側陣営はロシアと戦争になるという警鐘を鳴らし続けています。

国際政治学者の篠田英明は『戦争の地政学』の中で、「2022年のロシアのウクライナ侵攻が発生した際、シカゴ大学の国際政治学者ジョン・ミアシャイマーが注目を集めた。彼自身が提唱者である『オフェンシブ・リアリズム（攻撃的現実主義）』の立場からは、NATOの東方拡大は望ましくない、という主張をかねてから行っていたために、侵攻するロシアではなく、アメリカを中心とするNATOこそが戦争の原因を作っていた、とあらためて主張したからである」と書いています。

さらに、フランスの人類学者エマニュエル・トッドも今回の戦争に関して『第三次世界大戦はもう始まっている』において、「軍事上、今回のロシアの侵攻の目的は、何よりも日増しに強くなるウクライナ軍を手遅れになる前に破壊することにあったわけです」という発言をしています。

西側の多くのジャーナリズムが行うウクライナ寄りの報道だけを見るのではなく、こうした知識人の発言に注目することも重要です。

バラ革命●2003年11月グルジア（現ジョージア）で、親ロシアのシュワルナゼ政権が、大規模な反政府デモによって倒され、親欧米政権が誕生したこと。支持者がバラの花を持って集まったため、この名称となった。

冷戦終結がもたらした東側諸国の姿勢の変化

冷戦が終結してから、ロシアと西側陣営との間には何があったのでしょうか。

東西冷戦は一九八九年十二月、マルタ島における米ソ首脳会談によって終結しました。その二年後、ソ連国内でクーデター未遂事件が発生し、ソ連は崩壊。同年にはNATO（北大西洋条約機構）に対抗して結成されていたワルシャワ条約機構が解体されることになりました。このワルシャワ条約機構解体による影響は世界中に波及します。かつてワルシャワ条約機構に参加していた国々にNATOが勢力圏を拡大しはじめたのです。

一九九九年、NATOにポーランド、チェコ、ハンガリーが加盟しました。それに対してロシアは激しい拒絶反応を示し、エストニア、ラトビア、リトアニアのバルト三国がレッドラインだとし、「バルト三国までNATOの勢力圏を拡大するな」と警告しました。

しかし、NATOは二〇〇四年にはバルト三国のみならず、スロバキア、スロベニア、ブルガリア、ルーマニアの計七カ国を取り込みました。これはロシアが警告したレッドラインを越えた「虎の尾を踏む」行為にほかなりません。さらに旧東側諸国は、次々とEU（欧州連合）に加入していきます。二〇〇三年のジョージアのバラ革命を皮切りに、二〇〇四年にはウクライナのオレンジ革命、翌年にはキルギスのチューリップ革命が起き、ロシア近隣諸国で続々と親米政権が成立する事態へと展開していきました。

この状況はロシアにとって、それまではるか彼方に見えていた対岸の火事が、突然、わが身

オレンジ革命　2004年11月ウクライナ大統領選挙で、親ロシアのヤヌコーヴィチと親欧米のユシチェンコとの対決となり、勝利したヤヌコーヴィチに不正があったとして、抗議集会が開催され決戦投票になり、オレンジをシンボルカラーにした後者が勝利した革命。

に迫ってきたような不安感と恐怖を感じさせるものであったに違いありません。ロシアとしては、自国の領土の周りが、潜在的脅威であるアメリカをはじめとする西側諸国に囲まれたわけですから。

一方、冷戦の勝者であったアメリカには、相手の立場に立って欧州の力の均衡を維持していくという視点が完全に欠落していました。このアメリカの拡大主義容認に基づいたNATOの東方への勢力拡大が、のちのロシア・ウクライナ戦争の遠因となったことは間違いないでしょう。これはアメリカの明らかな外交政策のミスです。ロシア側の感情を見誤っていたと考えざるを得ません。

ロシアのグルジア侵攻はなぜ起こったのか

ロシア・ウクライナ戦争という悲劇の原点ともいうべき事件が、二〇〇八年に起こります。ロシア軍による当時のグルジア（現ジョージア）への侵攻です。ロシア軍のグルジア侵攻は、北京で夏のオリンピックが開催されている最中の出来事であり、なおかつ、たった数日で終息したことから、日本ではほとんど関心を持たれませんでした。

しかし、冷戦終結後にヨーロッパではじめて起きたこの軍事衝突こそが、西側陣営とプーチン率いるロシアの確執を決定的に深める、ポイント・オブ・ノーリターン（後戻りできない地点）となったのです。

チューリップ革命　2005年2月、3月にキルギスで親ロシアのアカエフ大統領が議会選挙で勝利したものの、不正があったとして抗議運動が活発化し、親欧米政権が生まれた革命。名称はキルギスを代表する花から。

ロシアのグルジア侵攻（2008年）

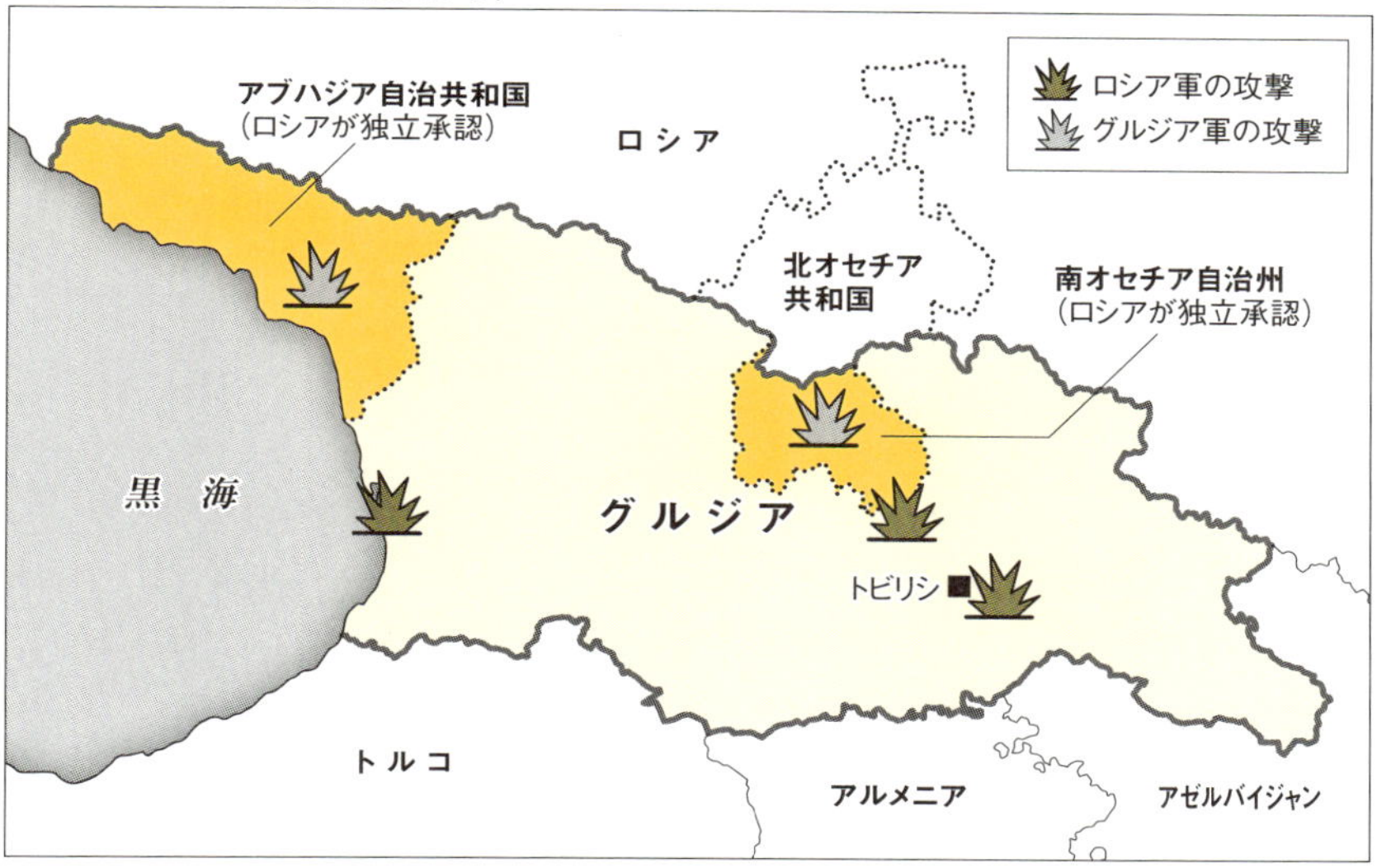

グルジアは、もともとソビエト連邦の一つで、ソ連崩壊後に共和国として独立を果たしました。ロシアとの国境近くにあるグルジア北部には「南オセチア自治州」という地域があり、イラン系民族でキリスト教徒であるオセット人が人口の九割を占めています。

南オセチアの人々は、グルジアからの分離・独立を目指していました。そのため、二〇〇八年八月の軍事衝突は、グルジア側が南オセチア自治州に対して先制攻撃を仕掛けたことで起こったと考えられています。そして八月八日、ロシア軍の精鋭部隊が、続々と侵攻し、わずか五日間という短い戦闘期間でロシアが勝利を収めました。

プーチンにグルジア侵攻を決断させた原因は、二〇〇八年にルーマニアのブカレストで開催されたNATO首脳会議だとされています。二〇二二年三月二十一日の読売新聞の記事で、「NATOは二〇〇八年、ブカレストで開いた首脳会議で、ウクライナとジョージアを『いずれ加盟国に加える』とする宣言を採択した。プーチン氏はこの方針がロシアの安全保障の脅威となると主張しており、宣言採択がウクライナ侵攻につながったとの指摘も出ている」と報じています。

NATOに加盟するには、厳格な条件と手続きが必要であり、ウクライナとジョージアはとうていその条件を満たすことができる状況ではありませんでした。このときのNATOの方針は単に「希望」の表明にすぎなかったのです。

しかし、プーチンはそうは捉えませんでした。危機感を煽られ、激烈な怒りを覚えました。NATOはプーチンを刺激し、いたずらに挑発してしまったのです。これはNATOを主導するアメリカが、超大国の外交ゲームのルールとして、決して犯してはならないタブーを犯してしまった痛恨の出来事でした。

ロシアの地政学を無視したNATO

大陸国家のロシアは地政学上、敵対国と直接対峙することをいやがり、必ず緩衝地帯をつくります。ウクライナとジョージアは、ロシアにとってNATOの度重なる東方拡大という脅威にさらされ続けた最後の緩衝地帯（バッファーゾーン）でした。その両国がブカレストの首脳

緩衝地帯　地政学の用語の一つで、大国や大きな勢力の間に挟まれた国や地域のこと。このような地帯をはさむことで、対立する国家間の衝突をやわらげる効果が期待できるとされる。ただし、どちらの勢力圏であるのか曖昧になりやすいため、軍事的な紛争地域になりやすい。

宣言にて、いずれNATOに加盟されてしまうという事態に陥ったと考えたのです。
つまり、NATOはウクライナとジョージアという緩衝地帯を犯す意志を表明したわけです。プーチンはこの事態を、ロシア存亡の危機的状況とみなしました。我慢の限界に達したプーチンは、二〇〇八年八月のグルジアへの軍事侵攻に踏み切ることになったのです。

アメリカは自身のロシアの内在的論理を無視した行動が、どんな事態を引き起こすかを理解できていなかったのでしょう。私はこのアメリカの地政学を理解しない外交こそが、現代史の分岐点を形づくったと考えています。グルジアでこだました八月の砲声が、まさにのちのロシア・ウクライナ紛争の遠因となったのです。

また、二〇〇八年のグルジア侵攻は、プーチンが大統領に返り咲く契機ともなりました。当時のロシアでは、憲法で大統領の連続三選が禁じられていたため、プーチンはメドヴェージェフに大統領の座を譲り、首相となっていました。グルジアが南オセチア自治州に侵攻した際、メドヴェージェフもプーチンもクレムリンにはいませんでした。この侵攻の一報を受けたプーチンは自らが主導権を握って対処しました。これによって、メドヴェージェフ体制はわずか四年で終止符を打たれることが決定的となり、プーチンが大統領に返り咲いたのです。

クリミアの併合とドンバス地方問題

グルジア侵攻を成功させ、ふたたび大統領の座に就いたプーチンは、NATOの東方拡大に対する反転攻勢に打って出ます。これが二〇一四年三月一日にはじまったクリミアへの電撃的侵攻です。この侵攻の契機は、二〇一三年十一月にウクライナで起きた「ユーロマイダン革命」だと考えられています。

ユーロマイダン革命では、親ロシア派のヤヌコーヴィチ政権が打倒され、欧米寄りのポロシェンコ政権が誕生しました。一説では、アメリカの国務次官補だったビクトリア・ヌーランドが主導してこの革命に介入していたとされています。

ヌーランドは、防衛と外交政策に関する問題を調査・分析する非営利団体シンクタンクであるアメリカの戦争研究所（ＩＳＷ）と深く関係していました。アメリカ側の露骨な介入がマイダン革命の裏にあったとすれば、当然プーチンも黙ってはいません。これは〝クーデター〟であるとして強く非難します。実際、ポロシェンコはロシアとの関係を軽視していました。

国際政治学者の松里公孝は『講義　ウクライナの歴史』に収められた「ウクライナの国家建設の挫折――ソ連解体の事後処理の観点から」の中で、「ポロシェンコ大統領下で、ユーロマイダン革命の精神は実現されていきました。その典型は、ソ連時代を全否定する脱共産化政策でした」と述べています。

それだけでなく、ポロシェンコ政権は、ロシアから離れようとする政策を実行していきます。この露骨なロシア離れ政策は、プーチンのウクライナへの怒りと不信を生み、二〇一四年、クリミア侵攻へと踏み切らせたのです（クリミア侵攻については別項で詳説）。

ユーロマイダン革命●2013年11月21日夜、首都キーウの独立広場において大規模なデモ活動がはじまり、2014年2月に親ロシア派のヤヌコーヴィチ大統領の追放をもたらした。ウクライナがロシアよりも欧州連合を選択した革命とされる。ユーロは「欧州」、マイダンはウクライナ語で「広場」の意味で、欧州広場革命と呼ばれる。

二〇一四年、クリミア併合が強行されると、ウクライナ東部のドンバス地方でも、親ロシア派武装勢力とウクライナ政府軍が衝突するようになります。ドンバス地方での戦闘が起きると、ロシアはこれを「親ロシア派住民への弾圧」であると解釈し、親ロシア派を強く支持しました。この武装勢力とウクライナ軍との武力衝突が、ロシア・ウクライナ紛争の直接の引き金となったのです。

反故にされたミンスク合意

二〇一四年九月には、親ロシア派武装勢力とウクライナ政府との間で「第一ミンスク合意」という停戦合意が結ばれましたが、停戦は長く続きませんでした。そこで、二〇一五年二月にウクライナ、ロシア、ドイツ、フランスの首脳会談が開かれ、「第二ミンスク合意（ミンスク2）」が締結されます。

この合意には、ドンバス地方の二つの州（ドネツク州、ルハンスク州）の一部において特別な統治体制を認めて憲法改正を行うことが盛り込まれました。さらに、欧州安全保障協力機構の監視下において、公正かつ民主的な選挙を実施することも約束されています。

ウクライナ国家の枠組みの中でドンバス地方に高度な自治が約束されれば、その自治地域の同意がなくては、ウクライナのＮＡＴＯ加盟は不可能になります。つまり、このミンスク2が守られれば、プーチンの思惑どおり、ＮＡＴＯのこれ以上の東方拡大を阻止することができたのです。

ドンバス地方　ウクライナ東部の2州からなり、17世紀に発見された炭田によりウクライナ屈指の重工業地帯となった。クリミア半島と並んでロシア語話者が多い地域で、ドネツク州・ルハンスク州の親ロシア派勢力は2014年に独立を宣言。ウクライナ政府はこれを認めず、戦闘となった。

ところが、ミンスク2は果たされず、実質的には反故《ほご》にされたのです。結局、二〇一五年以降、親ロシア派武装勢力とウクライナ政府軍との間で、ドンバス地方での武力衝突は止むことはなく、多くの親ロシア系住民が殺害されました。

ウクライナのウォロディミル・ゼレンスキー大統領は二〇二二年、親ロシア派が住む地域を総攻撃するために、ウクライナ軍の主力部隊を東部へと移動させます。さらに「ＮＡＴＯへの加入を申請し、核武装をする意思がある」と発言するに至ります。

これにより、ロシアの我慢は限界に達し、二〇二二年二月二十四日、プーチン大統領の指令のもと、ウクライナへ侵攻することになったのです。

ゼレンスキー大統領が、本格的にミンスク2を反故にして、ロシア側を挑発した理由は今のところ明確にはわかりませんが、おそらくＮＡＴＯへの加盟というものを本気で考えはじめたことによるのではないかと思われます。ＮＡＴＯへの加盟のためには、ウクライナ国内に自治地域が存在することは絶対に阻止しなければならなかったからです。それがあれば加盟条件がクリアされないからです。

ミンスク2で採択された「ドネツク人民共和国」と「ルガンスク人民共和国」（いずれも親ロシア派のドンバス地方）の特別な地位に関する法律は、国連にも登録されている国際条約でした。そうであるにもかかわらず、ゼレンスキー大統領はその条約を一方的に反故にしたのです。

このことについては、西側のメディアではほとんど報道されていません。なぜなら、西側陣営にとってこれは不利でしかない情報だからです。

情報コントロールは、もちろん、ロシアやウクライナでも行われていますが、西側諸国にも存在しています。ふだん私たちはそのことに気づかないまま、西側メディアが流す情報を日本のテレビのワイドショーが翻訳・加工したものを鵜呑《うの》みにしてしまっています。

その逆に、ロシアが発信する情報を、日本のメディアはほとんど取り上げません。この非対称性は由々しき問題だと私は思います。

ウクライナ紛争までの経緯

1991	ソ連崩壊、ウクライナ独立
2004	オレンジ革命
2005	ユシチェンコ大統領就任
2008	ロシアのグルジア侵攻
2010	ステパン・バンデラに英雄の称号 親ロのヤヌーコヴィチ政権誕生 クリミアへの黒海艦隊駐留に合意
2013	ウクライナ各地で政府に抗議活動
2014	2月、ユーロマイダン革命 →ヤヌーコヴィチ政権崩壊 3月、ロシアによるクリミア併合 4月、ドンバス地方で軍事衝突 6月、親EUのポロシェンコ政権誕生 9月、停戦（第一ミンスク合意）
2015	ウ・ロ・独・仏による首脳会談 （第二ミンスク合意＝ミンスク2） →ドンバス2州の自治を承認
2016	ウクライナ、EUに自由貿易を申請
2019	ゼレンスキー大統領就任
2021	クリミア奪還計画を国家承認
2022	ウクライナ、NATOへの加入申請 2月、ロシアのウクライナ侵攻

CHAPTER-1
2

ウクライナ側の内在的論理

ウクライナは戦争が起きる前、経済的に破綻していた

ロシアとウクライナは現在も激しい戦闘を行っていますが、ウクライナという国の本質を見きわめずに、この戦いを止めることはできません。停戦のためには、両国の内在的論理を知る必要性があります。前項ではロシアの内在的論理についてくわしく見ていきましたが、次にウクライナの内在的論理について見ていきたいと思います。

ウクライナはソ連の解体後、一九九一年十二月二十八日にできた新しい国です（そもそも、ソ連成立以前にウクライナという国は、第一次世界大戦後のごく短期を除いて存在しませんでした。ソビエト連邦の一員としてウクライナという国がはじめて人為的につくられ、ソ連崩壊後にそのまま独立したという経緯があります）。

独立当初はロシアとの結びつきが強く、両国間に緊張関係はありませんでした。また、西側との関係にも気を配り、対外的にはバランスのある外交を展開していました。

国内的な特色としては、ウクライナが多民族、多言語国家であることが挙げられます。この点について、松里公孝は『講義　ウクライナの歴史』に収載された「ウクライナの国家建設の挫折――ソ連解体の事後処理の観点から」の中で、ソ連解体後に「ウクライナは、ウクライナ語話者居住地域よりはるかに広い領土、ロシア語、ハンガリー語、ルーマニア語の話者が多い地域をも棚ぼた式に受けとって」しまったと述べ、さらに「民族解放運動の結果として生まれた独立国ではないため、ウクライナ民族主義的な思想を住民に押しつければ、マイノリティが離反して分裂してしまうおそれを抱えていました。ですから、国定イデオロギーを拒否し、文化・言語の多元性を守る市民的な国家建設が求められていました」と語っています。

そして二〇〇四年、オレンジ革命が起きます。大統領選挙に不正があったとして、多くの市民が投票のやり直しを求め、抗議運動を展開しました。結果的に、西側諸国との関係強化を訴えたユシチェンコが大統領になりましたが、二〇一〇年からはロシア寄りのヤヌコーヴィチが大統領になります。しかし、二〇一四年にユーロマイダン革命が起こり、ヤヌコーヴィチはロシアに亡命します。

このように時々のウクライナ政権は、ロシア寄りになったり、EUに軸足を置いたりと、外交政策が揺れ動いていきました。

この時期のウクライナで注目すべき点は、二〇一四年以降、経済状況が悪化し、コロナウイルス問題もあって、経済的にはマイナス成長が続いていたことです。ロシア・ウクライナ戦争の前に、この国は経済的に「破綻国家」に近い様相を呈していたのです。こうしたなかでロシアとの戦闘が起き、国民経済はさらに悪化の方向に進んでいきました。

三つの異なる民族・宗教・言語

ウクライナという国は、大きく分けて三つの地域からなっています。ロシアに近い「東ウクライナ」、首都キーウを中心とする中間地帯の「中央ウクライナ」、そして反ロシア色が色濃い西部の「ガリツィア」の三地域です。

先述しましたが、ウクライナは多民族国家であり、地域ごとに言語も宗教も違うという特徴があります。こうした側面から、ウクライナを「地域ごとに分断されている国」と捉えても間違いではありません。

このような特殊な事情のあるウクライナですが、そのナショナリズムを理解するためにはガリツィア地方を知るべきです。この地方は長らくロシア領ではなく、ガリツィアがロシア領になったのは第二次世界大戦後です。そのため、ウクライナ民族主義の伝統が色濃く残っている地域なのです。

ガリツィア出身の政治家として、民族解放運動の指導者であるステパン・バンデラがいます。マイダン革命で生まれたウクライナの政権に、バンデラを崇拝する民族至上主義者が加わっていたことも事実です。バンデラが第二次世界大戦中の一時期、ナチスに協力したという「不都

ナショナリズム 定義は多様で、国家主義、国民主義、国粋主義、国益主義、民族主義などと訳される。一般的には、自己の所属する民族のもとに形成される政治思想や運動を指す。自国の伝統や文化を他国よりも優れたものと信じ、それだけを守り広めようとする傾向がある。

ウクライナ全図

（右）ステパン・バンデラ。（上）キーウのユーロマイダン本部。正面にバンデラの肖像画を掲げている。Photo by spoilt.exile / Flickr

合な真実」は、マイダン革命以降無視され、国民の統合に向けて立ち上がった英雄として称揚する動きが強まりました。そして、ロシア・ウクライナ戦争が起こると、その傾向はさらに加速していきました。

この戦争はバンデラの再評価を促しただけではなく、ウクライナの右傾化も促します。歴史学者の南塚信吾は『軍事力で平和は守れるのか』に収載の「ウクライナ戦争はどのようにして起こったか」において、「『マイダン革命』の中でいくつもの極右勢力が登場した。全ウクライナ連合『スヴォボダ（自由）』、右派セクター、ウクライナ国民会議―ウクライナ人民自衛隊、『ブラトストヴォ（兄弟愛）』などが知られている。かれらの軍事組織である『アゾフ大隊』もこの時期に登場したものである」と述べています。

さらに、「ロシアが言うように、ウクライナ政府がネオ・ナチであるというのは事実ではない。しかし、ネオ・ナチ（とくに『アゾフ』）を含む極右派が国防軍、警察、治安機関に入り込んでいることは間違いなく、武力行使においてかれらは人数以上の力を持っていたのである」とも書いています。

バンデラがかつてナチスに協力し、ユダヤ人虐殺をはじめとする残逆行為を行ったということは事実とされており、その事実の隠蔽があったことも確実で、それはある意味、ウクライナ版の民族浄化とでもいうべきものでした。つまり、そこにおいては「純粋なるウクライナ人」という幻想の醸成が促されると同時に、排外的な国粋主義が高揚する下地がつくられてもいったのです。

アゾフ大隊●2014年に親ロシア派武装組織に対抗するため発足した義勇兵の部隊。当時は構成員の制服の色から「ブラックメン」とも呼ばれていた。ドンバスにおける戦闘で名をあげ、現在は正式にウクライナ国家親衛隊に編入されている。現在の正式名称は、東部作戦地域司令部第12特務旅団隷下のアゾフ特殊作戦分遣隊。

親ロシア武装勢力が占拠したドンバス地方のドネツク（2016年）。Photo by Andrew Butko

一方、東ウクライナの人たちは、ガリツィア地方とは歩んできた歴史も、産業基盤もまったく異なっています。この地方に住む多くの人々がロシア寄りのアイデンティティを持っています。言語的にも文化的にも宗教的にもそうです。

東部ドンバス地域の親ロシア武装勢力は、「国土の分離を阻もうとしているウクライナ政府に抗う無法者」という西側の報道もしばしば見られます。しかし、東西ウクライナの歴史的な背景や、現在のウクライナの政権とドンバス地域との対立の実情を理解すれば、事はそう単純ではないことがわかります。

東西ウクライナ地方に挟まれた、キーウを中心とした中央ウクライナ地方は、東と西の地方色のどちらにも属さない地方で、いわば、ヤジロベーの中心のような働きをしてきました。ロシア系の住民もウクライナ系の住民も多数居住していますので、どちらか一方に偏るようなことはない地方です。

ですから、ウクライナの三つの地方を共通項でくくることは、もともと不可能なことなのです。曲がりなりにも一つの国を構成しているのが、不思議なことなのです。

先に引用した松里公孝の言葉にあるように、他民族・多言語国家のウクライナでは、特定の民族やイデオロギーや宗教に偏らない、「文化・言語の多元性を守る市民的な国家建設が求められて」いたのです。その理念が、ゼレンスキー政権で大きく破られたのです。

ロシアのウクライナ侵攻を許したのはなぜか？

先にも述べたように、ゼレンスキーの前任者であるポロシェンコ大統領がロシアと二〇一四年に締結したミンスク合意および二〇一五年に締結したミンスク2の合意を、ゼレンスキーが反故にしたことが、ロシアによるウクライナ侵攻を呼び込んだのは間違いありません。

国民的人気を誇ったコメディアン出身のゼレンスキーは、前大統領のポロシェンコではウクライナに蔓延している汚職問題を解決できないと主張して、大統領に当選しました。しかし、汚職問題は解決されず、経済の低迷からも抜け出すことができず、国民の支持が離れていき、政権運営もままならないという状況でした。

皮肉なことに、この最悪の状況を救ったのが、クリミア侵攻以降続いていたプーチンの対ウクライナ強硬政策でした。

求心力を失いつつあったゼレンスキーは、ウクライナ国民のナショナリズムを刺激し（国民の不満をかわすためにナショナリズムを煽るのは政治家の常套手段です）、「民族の誇りと利益を守る」と主張し、東部ドンバス地域の親ロシア派武装勢力を標的にして、ドローンで攻撃を行い、ロシアを刺激し、それがロシアのウクライナへの侵攻の引き金となりました。

果たして、ウクライナはどこで間違えたのでしょうか。引き返すポイントはなかったのでしょうか。ターニングポイントは前項の「ロシアの内在的論理とは何か？」で語ったように「第二ミンスク合意」の履行をウクライナが反故にした時点です。この戦争の第一の要因は結局それに尽きます。ミンスク合意はロシアの侵攻を阻む盾だったにもかかわらず、それを無視したゼレンスキーの責任は非常に重いものがあるのです。

必死になって生き残りを図るゼレンスキー

ウクライナはロシアとの問題に対して、常にロシアが「悪」、ウクライナが「善」というプロパガンダ政策を実施しています。

たとえば、一九三二年から一九三三年（一九三四年の説もある）にかけて起きた「ホロドモール」と呼ばれる大飢饉の問題もその一つです。スターリンは食糧確保のためにウクライナから大量の食糧を奪い、それをロシア人に与えたため、ウクライナで多くの人が餓死したという説をウクライナ側は強く主張しています。しかし、大飢饉によって大量の死者が出たのはウク

ホロドモール●「飢餓による殺害」を意味する造語。1932年から1933年にかけて、ウクライナ、北カフカス、カザフスタン、ソビエト連邦各地で起きた大飢饉を指す。特にウクライナでの被害が甚大で、当時のソ連・スターリン政権による強制的な収奪により、数百万人の餓死者・犠牲者を出したともいわれる。

ライナだけではありません。北カフカスやカザフスタンなどでも多くの餓死者が出ました。もちろん、ロシア人も死んでいます。ですから、あの大飢饉はスターリンがウクライナを狙い撃ちした結果起きたものではない。このことに関しては、歴史学者のマルレーヌ・ラリュエルが『ファシズムとロシア』で実証的に研究しています。

ウクライナのここ数年の政治的動きを見ていると、私は漫画の通りにやって、漫画のような大統領を選んで、漫画のようなことが起きているだけではないのかとさえ思えてきます。もしも、ゼレンスキーが他の政策を取っていたならば、ロシアとの戦争は起きなかったのではないか。そんな疑問が脳裏をよぎります。

しかし、戦争ははじまってしまいました。早く戦争を終わらせるべきなのに、ゼレンスキーはその努力をしているようにはまったく見えません。かえって、戦争を長引かせようとしているようにさえ見えます。

今現在も、戦争は続いています。この状況下で、ゼレンスキーは国民に徹底抗戦を呼びかけることしかできません。彼がウクライナ大統領として生き残る道は一つだけなのです。それはこの戦争が第三次世界大戦にまで拡大するか、少なくとも欧州大戦に拡大することです。自分自身が生き残るために、戦争を大きくして簡単には終わらないようにするために、ゼレンスキーはロシア本土への攻撃を許可してくれと、西側諸国に言っているのです。戦争の長期化や第三次世界大戦に至るというリスクを犯すことを西側諸国が望んでいないにもかかわらず、彼はそう言い続けている。

ロシアのウクライナ侵攻中に、NATO加盟国であるポーランドの領内にミサイルが飛んできた事件がありましたが、あれはロシアが発射したミサイルではなく、ウクライナが発射したものであるという情報があります。それも、間違って撃たれたのではなく、わざと撃ったのではないかとさえいわれています。

これは十分あり得る話です。なぜなら、今、第三次世界大戦が起きることをいちばん望んでいるのはウクライナ政府だからです。もっとはっきりいえば、ゼレンスキーです。そうしなければ、ウクライナがロシアに勝つという見込みがないからです。

つまり、ウクライナの側の現時点の認識というのは、とりあえず生き残ることが重要であるというものだと考えられます。そのためにゼレンスキーは手段を選ばず、EUやアメリカを巻き込んで第三次世界大戦を起こしてもいいとさえ考えている節があります。ですから私たちは、「ウクライナはすべて善であり、ロシアはすべて悪である」という発想そのものを変える必要があるのです。

ポーランドの領内にミサイル●2022年11月15日午後、ウクライナ国境に近いポーランド東部にミサイルが着弾し、2人が死亡した。ポーランド外務省がロシア製のミサイルだったと発表したものの、米バイデン大統領はロシアから発射されたものではなさそうだと発言。NATOもウクライナの防空ミサイルが原因との見解を示した。

CHAPTER-1
3

共同体家族のロシアVS核家族のウクライナ

家族の類型はイデオロギーとして具現化する

エマニュエル・トッドは、以下のように述べています。

人類的な基盤からみると、ウクライナ社会は、ロシアとは異なる社会です。私の専門の家族システムで言えば、ロシアは「共同体家族」（結婚後も親と同居、親子関係は権威主義的、兄弟関係は平等）の社会で、ウクライナは「核家族」（結婚後は親から独立）の社会です。ロシアのような共同体家族の社会は平等概念を重んじる秩序立った権威主義的な社会で、集団行動を得意とします。こうした文化が共産主義を受け入れ、現在のプーチン大統領が率いる「ロシアの権威主義的民主主義」の土台となっているわけです。（『第三次世界大戦はもう始まっている』）

核家族中心の社会はロシア的なものではありません。ですから、トッドは「むしろ核家族は、イギリス、フランス、アメリカのような自由民主主義的な国家にみられる家族システムです。

権威主義的民主主義●非自由主義的民主主義、権限委譲民主主義ともいう。制度的には民主制だが、実質的には自由が制限されている政治体制のこと。選挙は実施されるが、市民には言論の自由、集会の自由、知る権利などがなく、往々にして極度に中央集権的で、権力の分立（三権分立）も乏しい。このため行政国家化する傾向が強い。

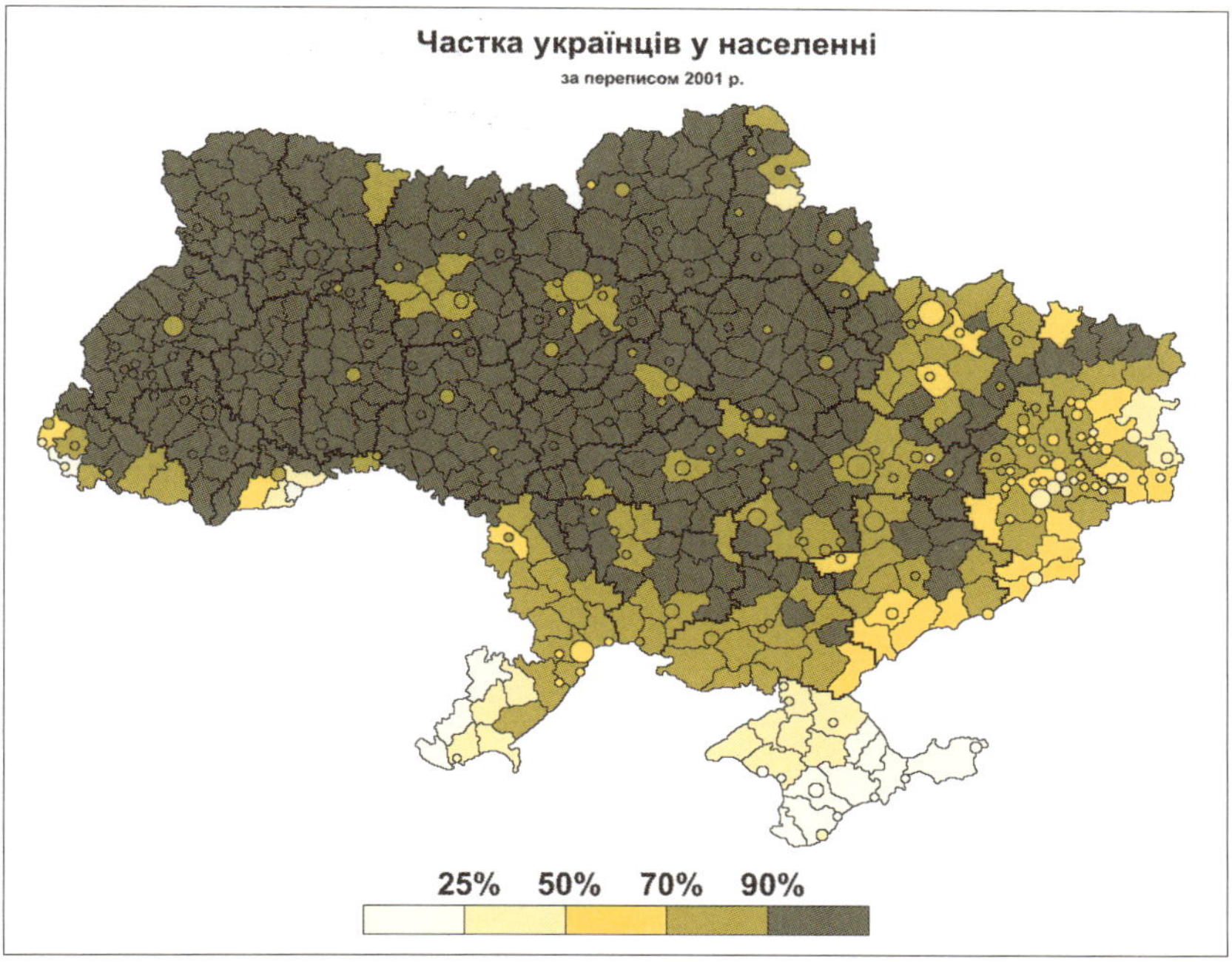

（上）ウクライナにおけるウクライナ人の割合。2001年度全ウクライナ国勢調査より。（右）1917年ごろのウクライナの反露ポスター。「他国のものは要らないが、自国のものは渡さない!」というアピールと、双頭の鷲（ロシア）から子どもを守るウクライナの婦人を描く。

ロシア民族が大ロシア、小ロシア、白ロシアの三位一体からなることを描いた寓意画。20世紀初頭のポスター。

その点だけを取り出せば、ウクライナを〝西側の国〟とみることもできるでしょう」とも述べています。このことは単なる家族システムの違いにとどまらず、この二つの国の考え方の違い、つまりは、イデオロギーの違いの基盤ともなっていると考えられます。

西側の多くのメディアが〝戦争を引き起こした狂った独裁者〟としてプーチン一人を名指しで糾弾するのは間違っています。プーチンのような人物が権力の頂点にいるのは、ロシア人自身が彼のような権威主義的な指導者を求めているからです。

ロシア文学者の亀井郁夫は『ドストエフスキー　黒い言葉』の中で、ドストエフスキーの「思うに、ロシア人のもっとも大切な、もっとも根源的な精神的欲求とは、（…）苦痛の欲求である。（…）みずからの苦痛をロシア人はあたかも享楽しているかのように見える」（『作家の日記』）という言葉を引用しています。

正義や正当性よりも、権力者の圧政に耐えることがロシア人の特質であって、それを変えることはできないのかもしれません。その点を無視して判断すると、正しくない結論を導き出してしまいます。

家族構造から見る紛争の原因

このような、家族構造はイデオロギー（政治体制）と一致するという考えを、トッドは『第三次世界大戦はもう始まっている』をはじめとする多くの著作で展開しています。家族構成は

ロシア人の特質　ロシア人は、あまり笑わず、忍耐強く、用心深く、迷信深いが、家族重視で、一度仲よくなると友情に厚いといわれる。ストレートに自分の意見を言うが、実はジョーク好きで、よくしゃべるともいう。

私たちが生きるための根本原理です。そのシステムを基盤として生活をしている以上、それが国民性に大きく影響しているのは間違いのないところでしょう。

ウクライナ社会は、かつて共産主義を生み出したロシア社会とは異なります。断片的なデータでしかないのですが、おおよそ核家族構造を持っている個人主義的な社会です。その意味で、プーチンがロシア人とウクライナ人の一体性を主張していることに対して、ウクライナ人は、自分たちはロシア人と違うと主張しています。小ロシア（ウクライナ）と大ロシア（ロシア）は違うという主張は、たしかに筋が通っています。

また、ウクライナの家族構造が、西側の、特に英米のものに類似しているならば、ウクライナがＥＵに加盟しようと望んだり、ＮＡＴＯに加盟しようと望んだりするのは正当化できる一つの根拠となり得ます。

しかし、先の「ウクライナの内在的論理」でも触れましたが、ウクライナは多民族、多言語国家で、ロシアのアイデンティティに近い国民も多数含まれており、一概に、ウクライナ人はロシア人よりも英米人に近い考え方をすると述べることはできません。

ウクライナ人の個人主義とロシアの共同体家族主義とでは、相性が悪いのはたしかです。ソビエト時代にも、大ロシア（ロシア）は農業の集団化を比較的スムーズに行えましたが、ウクライナは個人主義ゆえにうまく行えなかったという事実があります。それゆえ、この問題も今回の紛争と大きく関係しているといえるかもしれません。

小ロシア、大ロシア●ロシア民族は、大ロシア（ロシア）、小ロシア（ウクライナ）、白ロシア（ベラルーシ）の3つの民族からなるといわれるが、プーチン大統領は「この三者は歴史的に三位一体である」と論文で主張しており、独立国家としてのウクライナを認めていない。

CHAPTER-1
4

クリミア半島をめぐる軋轢

地政学的に重要なクリミア半島の位置

ロシアによるウクライナ侵攻には、近現代から続くさまざまな要因があります。そこで、まずは近代に入ってからのクリミアの歴史を俯瞰してみましょう。

クリミア半島は地政学的に見ても重要な意味を持っています。十九世紀の帝国主義の時代から、ロシアは黒海に面するクリミア半島の不凍港の権利を所有したいと思っていました。ロシアの北側にも海はありますが、地理的に不便であり、一年の大部分の時期を氷に閉ざされています。そのため、ロシアには南進が可能なルートの確保が必須だったのです。南にはインド・アフガニスタンルートという陸のルートもありますが、地形が険しく、陸路での南下政策は非常に困難です。

そこでポイントとなるのが、黒海に面したクリミア半島です。ここを支配してしまえば、黒海から南に出られるため、ロシアは昔からクリミア半島を押さえることに注力してきました。一八五三年にロシアがフランスやオスマントルコと戦ったクリミア戦争も、そのためのものです。その後ソ連が成立してからも、長くロシアは黒海のルートを確保していました。

クリミア戦争　1853年に、オスマン帝国を圧迫して南進策を進めたロシアが、イギリス、フランス、オスマン帝国の連合軍と戦った戦争。1856年、ロシアが敗北して、パリ条約で講和した。

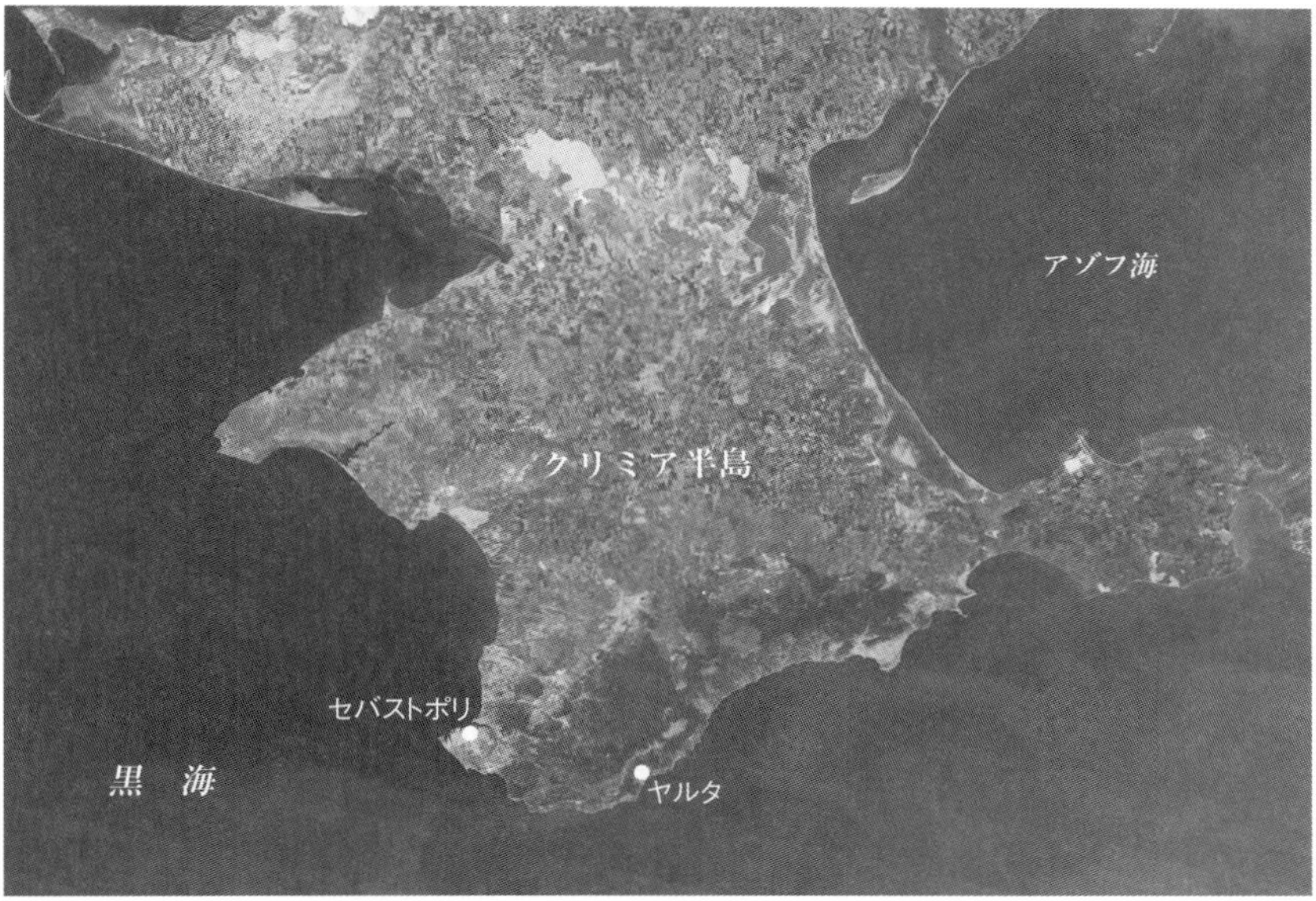

（上）クリミア半島の空撮。Photo by NASA（下）クリミアの要となるセバストポリ軍港。Photo by Vladimir Zapletin / iStock

一方、アメリカは冷戦がはじまると、ソ連を敵国と見なし、すぐにソ連の海の南下ルートをつぶしにいきます。反目し合っていたトルコとギリシャを巻き込み、黒海の出口であるボスポラス海峡とダーダネル海峡を支配しようとしたのです。

これは戦略的には的確な判断であり、海の南下ルートを狙われたことでソ連は少なからぬ打撃を受けました。それでも、このルートを手放したくないソ連は、ロシアの内海として、黒海とそれに面したクリミア半島を必死に守り続けたのです。

ユーロマイダン革命に端を発したクリミア問題

一九五四年、ソ連はもともとロシア領土だったクリミア半島を、連邦構成国であるウクライナ共和国の領有としました。当時の第一書記フルシチョフによる、反ロシア勢力を抑えるためのウクライナ宥和政策とも、クリミア半島のロシア人の比率を高めようとしたためともいわれています。

ソ連崩壊後、独立したウクライナはクリミア半島を自国の領土とします。しかし、ウクライナ自体、東はロシア派、西は西側諸国派、首都キーウのある中央が中立という、親ロシアと親西側の二つの派に国内が分かれた曖昧な状態でした。それでも、当時のロシア大統領エリツィンは、クリミア半島のウクライナ支配を認めます。考えようによっては、この平和的な解決が今になって仇《あだ》になったともいえるでしょう。

二〇一四年二月、ウクライナでユーロマイダン革命と呼ばれるクーデターが起き、親ロシアのヤヌコーヴィチ政権が倒され、親ＥＵ派の政権が誕生しました。しかし、ロシア系住民が同年、住民投票を実施してクリミアのロシア編入を決定します。これに対し、プーチンも併合を宣言し、さらに東部ドンバス地方も実効支配しました。

現在こそ領有をめぐって緊張は高まっていますが、このとき、ＥＵ諸国やアメリカは情勢を楽観視していたように見えました。しかし、ロシアにとってはクリミアを奪われないために必死だったのです。

地政学者の奥山真司は、「陸続きの大国ゆえの悲劇といえるでしょう。そのために、ロシアは伝統的に、自国の周囲にバッファーゾーン（緩衝地帯）を設定しようとします。（…）ロシア・ウクライナ戦争の原因のひとつに、こうしたロシアの『恐怖』に基づく世界観があることは間違いありません。独立を果たしたウクライナですが、ロシアは依然として、ウクライナを衛星国（バッファーゾーン）としておきたかった。ウクライナがＮＡＴＯに入ってしまうと、ロシアは緩衝地域なしにいきなり敵国側と国境を接することになってしまうわけです」（『世界最強の地政学』）と述べています。

プーチンとしては、ウクライナが西側の一員になるのは絶対に避けたいことであり、ましてＮＡＴＯへの加盟はどのような手段を用いてでも阻止しなければならなかったのです。このように、クリミア半島とドンバス地方は、ロシアの緩衝地帯を維持するという意味でも非常に重要な地域だったのです。

今後の黒海をめぐるロシア・ウクライナ情勢

ロシアとってウクライナ南部は黒海への出口だっただけに、ウクライナの西側への接近は死活問題でした。セバストポリの軍港はロシアにとって重要な基地です。ウクライナとの関係が悪化すると、黒海に出られなくなり、実質的に海のルートを断たれてしまう。黒海沿岸をウクライナに握られてしまうと、ロシアは地政学的に優位性を失ってしまいます。

ウクライナが親ロシア政権であるうちは、軍港に関しても取引ができていました。しかし、その取引を崩すような政権がユーロマイダン革命で誕生してしまったので、ロシアは、併合という実力行使に出たのです。

クリミアで行われた住民投票は、クリミア半島のロシア支配を是とするものになりました。もともとロシア系の住民の多い地域で行われた投票を疑問視する声もあるかもしれません。しかし、ソ連崩壊時にエリツィン大統領がクリミアをウクライナ領にした際は、住民の同意を得る手続きをしませんでした。それに比べれば、住民投票があっただけ民主的ともいえます。このようにロシア側が考えても不思議ではないでしょう。

もちろん、ウクライナにとってこの結果は面白いものではありませんでした。両国の実際の武力衝突が起きないながらも、かなりの緊張状態が八年続いたのち、先に動いたのはロシアのほうでした。交渉の名目は東ウクライナにおけるロシア系住民へのジェノサイドへの抗議と、クリミアおよびウクライナ東部でのロシア系住民の実効支配を認めさせるというものです。

しかし、ウクライナはロシアのこの要求を拒否し、何度も挑発行為を繰り返しました。こうした経緯の末に起こったのが、二〇二二年のウクライナへの全面的な軍事侵攻です。東ウクライナとクリミアの緊張が、大きな戦争を生んでしまったわけです。

プーチンの当初の思惑では、戦争は短期で終わるはずだったのかもしれません。しかし、ウクライナにおけるナショナリズムの高揚に加え、ＮＡＴＯからの軍事支援もあり、決着はつかずに長期戦になっているのが現状です。

もしも、ウクライナがただちに譲歩して戦争をやめたなら、ロシアは今後ウクライナを大切にする可能性は高いでしょう。なぜならばウクライナのオデーサ（オデッサ）港を通じて、黒海に出る道を確保できるからです。しかし、ゼレンスキーにはその選択肢はありません。和平を受け入れたら自分の立場が危うくなるからです。それが、停戦を望むウクライナ国民の民意に反するものだとしてもです。

CHAPTER-1

5

プーチンの本性は優れた政治家かマッドマンか

KGB職員のプーチンが玉座を手に入れるまで

プーチンは一九五二年、現在のサンクトペテルブルクであるレニングラードで生まれ、一九七五年にレニングラード大学を卒業後、すぐにKGBに就職します。一九八五年、東ドイツに派遣されますが、このころのプーチンはケース・オフィサー（工作員）という身分でした。一九九一年にKGBを退職し、一九九六年からクレムリンで働くようになると、一九九八年にはKGBの後身であるFSB（ロシア連邦保安庁）の長官となりました。一九九九年にはエリツィン大統領に取り立てられ第一副首相となり、その後すぐに首相に任命されます。

一九九九年、エリツィン大統領が辞職したことで大統領代行になると、選挙を経て、二〇〇〇年には正式に大統領に昇りつめます。二〇〇〇年から二〇〇四年と二〇〇四年から二〇〇八年に大統領を二期務めましたが、その当時のロシアの法律では大統領を二期までしか務めることができなかったため、プーチンは大統領を辞めます。そして、メドヴェージェフ政権下で首相を務めた後、二〇一二年には三期目の大統領就任を果たしました。

KGB●旧ソ連の国家保安委員会。実態は秘密警察。1954年に創設され、1991年解体。

　このように、プーチンはエリツィンに認められ、政治家となり、大統領になったわけですが、彼の人生哲学がよく表された言葉が『プーチン、自らを語る』の中にあります。それは、「私は独自のルールを持っている。そのひとつに、けっして後悔するなというものがある。やがて大統領代行になったことは正しかったと思うようになった。後悔したり、過去を振り返るようになると、すぐにだめになる。つねに将来のことを考えていなければならない」というものです。プーチンが自信家であり、かつ強い意志を持った男であることがよくわかります。

　プーチンは、こうした強いリーダーとしての側面を持つ一方で、情報をコントロールし、国民をうまく誘導しようとする姿勢も、彼の政策からよくうかがえます。

　ジャーナリストの林克明は『プーチン政権の闇』で、「エリツィン前大統領の末期から始まった政権のメディア支配は、プーチン政権になって完成した。具体的には、テレビや新聞の株を政府系企業が独占し、経営を支配。政権がメディア内の人事権にまで介入する。たとえば、ベスラン学校人質事件の直後に、有力紙『イズベスチヤ』編集長も簡単に解任された」と述べています。

　エリツィン時代から続く情報コントロールを継承しただけなのか、元ＫＧＢ諜報員であった経歴がそうさせるのかわかりませんが、メディア支配は第三期の今も続いています。

プーチンは"マッドマン"なのか?

政治学者の永綱憲悟は『大統領プーチンと現代ロシア政治』で、プーチンの態度に関して、「外交場面では、一見ソフトなあたりをみせながら、結果的に肝心なところは一歩も譲っていないという態度となって現れる。ちなみに米国では、エリツィンが『ノー、ノー、ノー』といったときは『イエス』を意味しているが、プーチンが『イエス、イエス、イエス』といったときは『ノー』を意味しているというジョークがささやかれているそうである」と指摘しており、プーチンとの交渉が一筋縄ではいかないことがわかります。

また、プーチンの人物像について、欧米諸国のマスメディアからはしばしば、「プーチンは狂っている」という声があげられます。しかし、私はまったくそう思いません。

二〇二二年、ウクライナで戦争が勃発して以降、はじめて行われたバルダイ会議で、プーチンは講演を行った後、各国の出席者と長時間の討論を交わしました。講演時には何度かメモを見ていたプーチンですが、有識者との討論に入ると、メモを見ることも、補佐官からのアドバイスを受けることもなく、ウクライナでの戦争も含め、政治、経済、社会問題について話していました。このようなことは精神の錯乱した人間にはできません。

プーチンのこうした姿には、スターリンに重なる部分が多く見られます。スターリンは政治のみならず、経済、哲学、言語にも精通していました。私はプーチンにはそういうスターリン的な、一種のプラトン型の哲人政治家的なものを感じます。つまり、プーチンは、それだけ複

スターリン　ヨシフ・スターリン(1924〜1953)。ソビエト連邦の第2代最高指導者。グルジア人。スターリンは筆名で「鋼鉄の人」を意味し、本名はヨシフ・ヴィッサリオノヴィチ・ジュガシヴィリという。ソ連を世界第2位の経済大国にのし上げた反面、強権支配や大粛清を行い、死後は英雄から一転、恐るべき独裁者という評価を受けた。

ロシアのクリミア侵攻を受け、「プーチンはスターリンと変わらない醜い独裁者だ」とする看板を掲げるウクライナの人々。2014年3月、アメリカ、ワシントンDCにて。Photo by ablokhin / iStock

雑な人物であり、〝捉えるのが面倒な〟人物なのです。

プーチンを理解するには、ロシアの状況変化にも注目する必要があります。アメリカの著名なアナリスト、フィオナ・ヒルとクリフォード・G・ガディが書いた『プーチンの世界』には、「プーチンの行動能力が劇的に変化したのは、二〇〇六年夏のことだった。その年、ロシア政府は主要債権国で構成される通称『パリクラブ』への最後の国際債務をようやく完済。（…）事実上、ロシアは諸外国や国際金融機関への財務上の足枷から解放されることになった。一九九四年、アメリカ政府は債務を武器に、バルト三国からのロシア軍の完全撤退を迫った。しかし、もうアメリカや西側諸国にそのようなまねはできない」という記述があります。

この記述に続いて、「彼（プーチン）は新たな視点から、国家運営を担うことになったのだ」ともあります。つまり、経済的な束縛がなくなったことで、プーチンは他国の干渉を受けることなく、政権を自由に運営することができるようになったのです。

マッドマン・セオリーの使い手

真のマッドマンを具体的に挙げるとするならば、イランのマフムード・アフマディネジャド元大統領のような人物です。彼は、イスラエルという国は地図上から抹消されるべきだと主張し、核開発を押し進めていました。このようなタイプの指導者に対しては抑止のセオリーはまったく通じないでしょう。

マフムード・アフマディネジャド● イランの第6代大統領（任期2005～2013）。イスラム原理主義者を自称し、アメリカ・イスラエルに対しては一貫して強硬路線を取った。ホロコーストを否定するなどの極端な発言、経済政策の失敗、強権的な人権抑圧、選挙不正疑惑などで国内外から非難を受け、退任後に再選を目指すも失格となった。

プーチンとアフマディネジャド。2007年、イランにて。Photo by Kremlin.ru

ほんとうの狂った人物とは違い、プーチンは「マッドマン・セオリー」の使い手にすぎないと思われます。マッドマン・セオリー（「狂人理論」と訳されています）とは、アメリカのドナルド・トランプも使っている手法で、ありえない発言や狂気じみた行動を繰り返すことによって、相手に譲歩案、妥協案を用意させるものです。

実際に交渉するときは現実的な論理が展開されるため、マッドマン・セオリーを使う相手の土俵に乗った交渉相手は、「持参した妥協案で関係を維持・構築できた」と誤解しますが、妥協案を提示した時点で、そもそも交渉に負けているわけです。

ただし、プーチンにマッドマンの要素がまったくないとは断言できません。二〇二二年のロシアの母の日、プーチンはウクライナに出征した兵士の母親の代表に、「問題はどう生きたかだ。ウォッカが原因で死ぬ人もいて、生きた意味が不透明だ。しかし、あなた方の息子は生きた意味があったのだ。目標を達成したからだ」と言っています。戦場に向かっ

マッドマン・セオリー●アメリカの第37代大統領ニクソン（任期1969～1974）の外交政策の要として知られる理論あるいは戦略。ニクソン政権は交渉を有利に導くため、東側諸国に対して、意図的に非合理的で挑発的な発言や行動を繰り返したとされる。

た兵士の母親に述べる言葉としては、これは完全に常識外れのものでしょう。

こうした言動もあることから、プーチンがいつ本物の狂気を宿すのかと世界は危惧しているわけです。私は、その狂気は、家族を切り捨て孤独となった独身者の胸に宿り、家族という枠組みから切り離された人間の狂気であるようにも思います（プーチンは二〇一三年に離婚して、家族を切り捨ててしまいました）。

独身者は過激な行動を取ることが多々あります。たしかに、デカルト、ライプニッツ、カントのように、歴史的に大きな事をなす人間に独身者が多いことは事実です。孤独に慣れると失うものが何もありません。そこに権力が加わった場合、予想だにしない行動を取ることもあり得るのです。近い将来、プーチンが核のボタンを押す可能性はゼロではないのです。

日本の岸田首相は〝深海魚〟か？

マッドマン政治家ではない国家のリーダーの特性を見ることで、逆にマッドマン政治家をよりよく知ることができるかもしれません。ここでは、マッドマンではない政治家の代表として日本の岸田総理を挙げ、その政治的な特性を見ていきたいと思います。

岸田総理（二〇二四年八月現在）は深海魚にたとえることができます。一六パーセントという、かなり沈んだ支持率でこの国を動かしている岸田総理は、深い深い海の底に沈むタイタニック号に生息している深海魚のようなものです。深海魚だから通常なら耐えられない水圧の中でも平然としています。

もし、自分の側近である官房副長官が、メディアから奥さんがらみの殺人の話などで徹底的に叩かれたら、普通の政治家であれば参ってしまいます。しかし、岸田総理も側近もまったく動じません。これも圧力にものすごく強いという証明でしょう。

深海魚は一気に海上に上げられると、圧力が下がって胃袋が破裂したりします。岸田総理も支持率がちょっとでも回復して、調子に乗って解散をすればひどい目に遭うかもしれません。むしろ、岸田政権は深い深海に沈んでいたほうが安定できるわけです。

一方、私たちが下手に岸田政権に近づこうとすると、タイタニック号を見に行った潜航艇のように破裂する可能性があります。つまり、岸田政権は常人には近寄り難いような、そういう政権なのです。

岸田政権のように民主主義国で支持率が一六パーセントでありながら、政権にまったく揺るぎがないというケースは、あまりにも特異な現象でしょう。低位安定を採り、政策ビジョンよりも生き残ることがすべてという姿勢は、ある意味最も強いといえます。

とはいえ、二〇二四年四月に行われた衆議院議員補欠選挙の三連敗を受け、岸田総理は総選挙には打って出られない可能性が高いと私は思っていました。その後、ご存じのように岸田総理は総裁選不出馬を表明しています。となると、九月の自民党総裁選の行方は今のところ不透明です。首相経験者の麻生氏や菅氏らキングメーカーの思惑で、どうなるかは二〇二四年八月の段階ではなんともいえません。

安倍政権のスタンスは岸田政権とはまったく異なっていました。安倍元総理は、強権政治の側面が強い政治家でした。そのためトランプと波長が合うし、プーチンやイスラエルのネタニヤフ首相、フィリピンのドゥテルテ大統領とも波長が合いました。そういう人たちと波長が合う人だから、新帝国主義時代にはもってこいの人物だったのです。

過激化し奇矯化する政治家たちの演技

トランプもプーチンも、戦略的にマッドマンを演じている可能性が高いでしょう。しかし、狂気の萌芽をどこかに宿している可能性は否定できません。トランプやプーチンに限らず、政治家を目指す人間がマッドマン・セオリーを用いることは多々あります。知的エリートが急上昇を遂げるためには、どこかで過激なことをやらないとならないからです。

ロシアにもそういう政治家がいました。ジリノフスキーです。彼は「日本が北方領土を要求するんだったら、ふたたび原爆を落としてやる」というような過激な発言を繰り返しました。そして、その過激さが人気を呼び、政界でのし上がっていったのです。

日本でも、他者や他国を徹底的に貶めて批判したり、過激で奇矯な選挙活動を行って注目を集めたりする候補者がすでに出てきていることはご存じの通りです。これらもまた、マッドマン・セオリーに基づく行動といえるでしょう。

何かをなすには努力が必要です。出版社の編集者になるためには、編集の訓練を積まなければならない。医者になるためには、大学の医学部に入って国家試験を通らないといけない。弁

ジリノフスキー●ウラジミル・ジリノフスキー(1946〜2022)。ロシア自由民主党の創設者。極右の民族主義者、ポピュリストといわれ、過激で奇矯な言動を繰り返した。「アメリカ同時多発テロは自作自演」「東京に原爆を落とせ」「世の中の女はすべて俺のもの」「ヒラリー・クリントンは第三次世界大戦を起こす人物」など。

護士になるならば、司法試験に受からなければならないという具合にです。

ところが、「愛国者」になるにはどうすればいいかというと、ただ大声で喚けばいいのです。そうすると、本来、エリート層には行けないはずの人が、選挙で一定の支持を得て当選し、議員になれたりするのです。

『徒然草』の第八十五段には、「狂人の真似とて大路を走らば、即《すなわ》ち狂人なり。悪人の真似とて人を殺さば、悪人なり。驥《き》を学ぶは驥の類ひ、舜《しゅん》を学ぶは舜の徒《ともがら》なり。偽りても賢を学ばんを、賢といふべし」という言葉があります。

狂人を真似れば狂人のようになります。悪人を真似れば悪人になります。さらに吉田兼好は、賢者を真似れば賢者になるとも述べています。最初は手段として真似ていたとしても、真似ることはそのものになるきっかけともなり得るのです。

プーチンがマッドマンを演じている間は、マッドマンではありません。しかしその演技が演技でなくなったとき、プーチンが真のマッドマンとなったとき、世界に大きな不幸が訪れるかもしれません。私は、そうならないことを切に願っています。

CHAPTER-1
6

ウクライナ戦争は第三次世界大戦の引き金となる?

フィクションから生まれた大統領

二〇一四年五月、マイダン革命後に行われたウクライナ大統領選挙で、親EUで、反ロシア路線を掲げるポロシェンコが当選しました。二〇一九年四月に、そのポロシェンコを破って大統領となったのがゼレンスキーです。彼の前職は喜劇俳優でした。

そして、コメディアン時代に彼が主演したドラマ『国民の僕《しもべ》』というフィクションが現実化したのが今のウクライナです。

ドラマのストーリーは、ウクライナの歴史担当の高校教師が、ひょんなことから大統領選挙に立候補して当選。大統領となって正義感あふれる政治行動でウクライナを立て直すというストーリーです。コメディ俳優であるウォロディミル・ゼレンスキーが自分で企画し、脚本にも携わり、主人公を演じた作品です。

この作品では、中流階級が出現し、不平等な国となったウクライナ国民が日常的にぶつかるたくさんの問題点が巧みに取り入れられています。政治をゲームとして扱う**オリガルヒ**(新興

オリガルヒ● 新興財閥。ロシアやウクライナなどの旧ソ連諸国が資本主義体制に移行したときに成立し、政治的影響力を持つようになった。この呼称は「寡頭制」を意味するギリシャ語から。

（上）2018年の「第95街区」公演に出演しているコメディアン時代のゼレンスキー。Photo by KVARTAL 95 / Vadim Chuprina（下）ゼレンスキー主演のテレビドラマ『国民の僕』。Photo by 1+1 International

財閥)、オリガルヒの駒として動く政治家、脱税に奔走する資産家、深くはびこっている縁故優先主義、浪費される税金、放置されたままのインフラ整備といった、ウクライナ社会の腐敗した現状に怒りを覚える国民が描き出されています。

このドラマはウクライナの現実を映し出し、多くの国民から共感を得ました。そして何よりもゼレンスキーが大統領に当選する大きな要因となりました。ドラマの内容は事実を正確に映していますが、それよりも、大統領選での反ポロシェンコとゼレンスキーへの支持を呼び起こしたということで、ウクライナの歴史に残る作品となりました。

●ゼレンスキーの経歴と発言から考えられること

『魂の叫び――ゼレンスキー大統領100の言葉』にあるゼレンスキーの個人年譜を見ると、彼は一九七八年にクリヴィー・リーウで生まれました。父は経済研究所のコンピュータ工学および数学の教授、母は元エンジニアでユダヤ系の家系です。親戚の多くは第二次世界大戦中のナチスによるホロコーストで殺されています。

二〇〇〇年にキーウ国立経済大学を卒業した後、テレビ番組制作会社クヴァルタール・スタジオ95を設立しました。テレビのバラエティー番組に多数出演し、人気を博し、二〇〇三年に妻のエレナと結婚しています。その後、前述のドラマ『国民の僕』に主演し、二〇一九年に実際に大統領になりました。そして現在、ロシアとの戦争で、ウクライナのリーダーとなって戦っています。

前掲の『魂の叫び』には、二〇一九年四月にキーウで開かれた公開討論会での「私は政治家ではなく、一般人だ。体制を壊すことが使命だ」というゼレンスキーの言葉が引用されています。まさに彼が語ったように体制、つまり「国民の生命・身体、財産」を守る意味での国家の**スキーム**は壊されました（もちろん、ゼレンスキー政権になる前に、とっくにウクライナの政治・社会体制が壊れていたという意見もあります）。それは戦争によってです。この点を忘れてはなりません。

ロシアがウクライナに侵攻してきたのはたしかですが、果たしてゼレンスキーの外交政策がまったく間違っていなかったといえるでしょうか。彼はほんとうに体制を壊しましたが、それは最悪の方法によってではなかったのか。私はそう思わざるを得ません。

大統領選の裏側にあったウクライナの権力争い

『国民の僕』は非常にバランスの取れたドラマです。たとえば、第三部でウクライナのガリツィアに敬礼しているような人間、つまりはナショナリストに、ゼレンスキーの演じている大統領は投獄され、ウクライナが七十いくつかに分かれてしまう場面があります。これはまさにウクライナのその後を予測していたもので、現在、実際にそのようになりつつあります。あのドラマはウクライナの実態を驚くほどしっかりと映し出していたのです。

それはいったい、どういうことなのか？

ゼレンスキーが選ばれた大統領選に関連していえば、要するに、当時のポロシェンコ大統領

スキーム●仕組み。枠組み。綿密に練り上げた計画や考え方。

とオリガルヒとの間で利権争いが起こり、ポロシェンコを落選させるためにオリガルヒがお金（ドラマの制作費）を出して、『国民の僕』をつくったのです。そして、主演のゼレンスキーを大統領選に出して当選させ、オリガルヒの利益代弁者にしたのでした。
だからこそ、あのドラマはウクライナの腐敗の実態をかなり忠実に反映しており、ウクライナ情勢分析のためにきわめて重要なアイテムとなりえているのです。

しかし、『国民の僕』を観て、ドラマと現実とをいっしょにし、七十数パーセントでゼレンスキーを当選させたウクライナ国民の意識はポピュリズムそのものです。いってみれば、漫画の通りにやって、漫画のような大統領を選んで、漫画のようなことが起きているわけです。厳しい言い方かもしれませんが、現在の状況を招いたのはウクライナ国民自身であって、それ以上でもそれ以下でもありません。

ウクライナのジャーナリスト、セルヒー・ルデンコは著書『ゼレンスキーの素顔』で、「もしゼレンスキーが自分の知識のなさを自覚していたなら、二つのシナリオがあったはずです。一つ目のシナリオは、最初の数カ月間にウクライナの国家機関について詳しい人物を片っ端から集め、毎日のように特別室にこもって学ぶことでした。（…）二つ目のシナリオですが、システムの仕組みを学んだら、システムに入っていない他の専門家を、可能であれば外国からも呼び寄せることでした。（…）残念ながら、そんなゼレンスキーは存在しないのです」という選挙運動管理者セルヒー・ハイダイの言葉を引用しています。

生き残りのためには第三次世界大戦も辞さない

先にも述べましたが、ゼレンスキー自身が生き残るためには、欧州（特にイギリス）とアメリカを巻き込んで第三次世界大戦を引き起こすしかないでしょう。少なくとも、欧州大戦にまで持っていかなければ、政権は保てません。ウクライナは、大国を巻き込まないと消滅してしまう可能性が高いのです。

ですから、ゼレンスキーはそれを避ける手段として、しきりにロシア本土攻撃を許可してくれと西側諸国に必死になって言っているのです。そこには、できるだけ事態を大きくして、世界を巻き込んだ戦争にしたいという意図がはっきりと示されています。フランスの社会学者エドガール・モランも、『戦争から戦争へ——ウクライナ戦争を終わらせるための必須基礎知識』において同様の主張を展開しています。

このように見ていくと、第三次世界大戦を今いちばん望んでいるのはウクライナであるということが導き出されてきます。そして、この状況をつくり出したのはゼレンスキーです。

松里公孝は『講義　ウクライナの歴史』収載の「ウクライナの国家建設の挫折——ソ連解体の事後処理の観点から」で、「経済政策で実績を上げるのは容易ではありませんが、イデオロギー的な国民分断政策を推進するには専門的知識も財源もいらず、選挙で一定の効果がありります。ですからウクライナの困った現状は、最近とみにポピュリズムや民族主義が強まっている日本にとって対岸の火事ではありません」と述べています。この指摘はとても重要なものだと

ロシア本土攻撃　2024年8月6日、ウクライナ軍はロシアのクルスク州への越境攻撃を開始した。同12日にはロシアの領土1000平方キロメートルを制圧したと主張している。このロシア本土攻撃により、ウクライナ支援国の姿勢も含め、戦局のフェーズが変わることが予想されている。

私は思います。

ゼレンスキーを待ち受ける絶望的状況

一介のコメディアンから大統領になったゼレンスキーの本質は、大衆迎合主義者でポピュリストです。おそらく、ウクライナは戦えば戦うほど状況が悪くなります。なぜかというと、ゼレンスキー政権が勝敗ラインをはっきりと述べているからです。

現在ロシアに占領されている四つの州のみならず、クリミア半島を完全解放しないと勝利はないとゼレンスキーは明言しています。

一方、プーチンは、非ナチス化と非軍事化とドンバス地域の住民の解放といった戦争の目標は掲げていますが、領土的な目標はまったく明らかにしていません。これは、初期の目的を達成したと宣言すれば、いつでも戦争をやめられることを意味します。ところが、ゼレンスキーは、領土的な勝敗ラインの発言をしたために、戦争をやめることができないのです。

領土目標を明示してしまうと、それを実現しないうちは戦争を終結できない状況になってしまいます。それに対して、ロシアは領土目標を明示していない分、どこで終わりにすることもできるわけです。

ウクライナは目標を明らかにしているので、今停戦したら負けということになってしまいます。そして、戦争に負けた大統領が大統領を続けるということはあり得ません。しかも、ウク

ポピュリスト● ポピュリズムを推進する政治家。大衆の人気取りをしながら大衆をあおる政治家。極端に単純化した争点を掲げ、大衆の欲望を読み、仮想敵をつくり出し攻撃する。大衆の日常生活でのストレスを吸い取り、かわりに敵を創造して攻撃し、これにより大衆の溜飲を下げさせるという役割を果たす。アメリカのトランプはその典型とされる。

ライナは大統領令でロシアとの交渉を禁止しています。停戦交渉を禁止して国の手足を縛るようなことを、普通の指導者はやりません。しかし、ウクライナは大統領令で禁止しているので、誰も交渉できないのです。

戦時下であっても、国としての裏のチャンネルを維持するのは鉄則です。太平洋戦争中の日本も、スイスを通じてアメリカ側と接触していました。近代戦で相手国との交渉を禁じる戦争を行う国を、私は見たことがありません。交渉自体を禁じると、残るのは玉砕戦しかなくなってしまう。これは、太平洋戦争中の日本の末期症状と同じです。しかし、日本は戦争に負けるなら「本土で玉砕覚悟で徹底抗戦しよう」と言いながら、一方では「敵国と交渉するな」とは言いませんでした。このように考えると、太平洋戦争中の日本のほうが、今のウクライナよりもまだ選択の自由があったといえます。

ウクライナ国民はほんとうに停戦を願っているのか？

エマニュエル・トッドは『第三次世界大戦はもう始まっている』で、ウクライナは核家族構造を持っていて個人主義的だが、ロシアは共同体家族主義で、それがそれぞれのイデオロギーに影響して対立が不可避になったと述べています。

ロシア側の論理は、「自由とか民主主義とか、ヨーロッパや西側連合は言っているが、これはＬＧＢＴＱ＋に代表されるアトム的な人間観で、『個体がすべて』という主張を押しつけているに過ぎず、受け入れることはできない」というものでしょう。

つまり、西側の価値観は家族を破壊する悪魔崇拝で、ロシアにとって国家の基本であるところの家族が破壊されるということです。その意味で、今回の戦争は価値観戦争だといえます。つまり、「ロシアの保守的な価値観」対「アトム的な人間観を持つアングロ・サクソン的な価値観」の戦い、ということなのです。

それに対して、ウクライナの現時点の認識というのは、とりあえず生き残ることと、ウクライナ民族の統合ということになります。もともとウクライナは個人主義ですから、停戦を求める国民はもちろん山のようにいると思われます。こんな負け戦さは誰もやりたくないと多数が思っているはずです。しかし、それを声高に口には出せない現状がある。

もう一つ、ゼレンスキー個人のアイデンティティは何かということも大きな問題になるはずです。ゼレンスキーは、**ユダヤ系ウクライナ人**でロシア語話者でした。大統領に就任するまではウクライナ語を上手に話すことのできなかったゼレンスキーですが、あるときは自分をユダヤ人に見せるし、今はウクライナ人に見せています。

こういう面から見れば、彼は変幻自在な存在ということができます。ゼレンスキーの基本は役者ですから、役者は何でも演じられないといけません。彼は今、ウクライナ人と大統領の両方を演じています。そして、なんとか生き残ることに必死になっている。ゼレンスキーの内在的論理は今のところ、それしかないのです。

ユダヤ系ウクライナ人●歴史的にウクライナにはユダヤ人が多く、第二次大戦前には都市人口の3分の1がユダヤ人だったとされる。第2～5代のイスラエル大統領はウクライナ出身。心理学者フロイトの両親はガリツィア出身。映画監督スピルバーグや歌手ボブ・ディランはウクライナからの移民3世、など有名人も多い。

第2章

ガザ戦争にひそむ殉教と報復の論理

2023年10月にパレスチナ自治区ガザを
実効支配するイスラム組織ハマスが
イスラエルを急襲した。この出来事を受け、
イスラエルはガザ地区の中立化(非軍事化)のために
徹底的なハマス掃討に動き出した。
両者の衝突不可避な内在的論理とは?

CHAPTER-2
1

パレスチナ問題のそもそもの発端とは？

移住、滅亡、離散……ユダヤ人の歴史

イスラエルを建国したユダヤ人は長い間、「彷徨《さまよ》える民族」と形容されてきました。まずはその歴史的な理由について手短に見ていきましょう。

『旧約聖書』によれば、最初の人間であるアダムの子孫たちはヘブライ人と呼ばれ、カナンの地（現在のイスラエルおよびパレスチナ）に住んでいたとされます。飢饉によって紀元前十七世紀にエジプトへ移り住みますが、指導者モーセに導かれて、ふたたびカナンの地に戻ります。それが前一二〇〇年ごろで、彼らは自らをイスラエル人と称したといいます。

その後、イスラエル人の国はイスラエル王国とユダ王国に分裂します。そしてイスラエル王国が前七二二年に滅亡し、ユダ王国も前五八六年に滅亡します。ユダヤ人という言葉はユダ王国に属していた人々という意味です。その後、ユダヤ人の国は古代ローマの属州になります。前六六年に反乱を起こしますが鎮圧され、ディアスポラ（民族離散）が起きると、ユダヤ人は世界各地に散っていきます。

ディアスポラ● 離散。故郷より遠く離れた土地へのやむなき移住。特に、ユダヤ人がパレスチナ以外の土地に移住したことをいう。ギリシャ語から。

エルサレム神殿の「嘆きの壁」にて祈りを捧げるユダヤの人々。Photo by Pawel Mazur / iStock

その後長い期間、ユダヤ人は国家を持ちませんでした。これが、ユダヤ人が「彷徨える民族」と称される理由です。しかし、各地のユダヤ人同士の交流が途絶えたわけではありません。カステーヨとカポーンの書いた『図説ユダヤ人の２０００年：歴史篇』には「世界じゅうに散らばったユダヤ人共同体同士の緊密な関係は、国境や大陸によってなんら左右されなかった」という言葉があります。ユダヤ人は政治上の枠組みや地理上の問題を超えて、密接に結びつき続けていたのです。

シオニズム運動と〝祖国〟への帰還

シオニズムとは簡単にいえば、ユダヤ人の国家を創ろうとする思想です。シオニズムの創設者はテオドール・ヘルツルで、この運動はヘルツルが一八九六年に書いた『ユダヤ人国家』からはじまります。

しかし、ヘルツルを出すと問題が複雑化しますので、わかりやすくするために、ここではマルクス主義との関係で捉えていきたいと思います。

一八四〇年代、マルクス、エンゲルス、モーゼス・ヘスの三人がパリの屋根裏部屋から先導し、共産主義運動が活発化しました。そして一八六四年の第一インターナショナル結成当時、ヨーロッパ各地で革命が起きます。エンゲルスはドイツの三月革命で軍事的才能を見せたことが有名ですが、こうした運動を主導したのはエンゲルスよりも、むしろヘスであったという見

シオニズム●イスラエルの地にユダヤ人の国を創設しようとする思想と運動。シオンは、エルサレムの「シオンの丘」に由来する、イスラエルの地を象徴する言葉。2018年のイスラエル政府調査では、国内のユダヤ人のうち「自らをシオニストと思う」と答えたのは73%で、24%は「シオニストではない」と答えている。

方もあります。そしてヘスは、他のマルクス主義者たちとは一線を画し、共産主義者から離脱してシオニズム運動の祖の一人になります。

二十世紀の世界を揺るがした大きな潮流は、このように一八四〇年代のパリの屋根裏の一室ではじまったわけです。

マルクスとエンゲルスの思想である共産主義は、レーニン、トロツキー、そしてスターリンに継承され、世界で大きな革命を起こします。まずロシア革命が起き、それが東欧圏、さらには中国や北朝鮮にまで広がっていく。しかし、一九八九年のベルリンの壁の崩壊、一九九一年のソ連解体を経て、その影響は非常に弱まりました。

もう一つの流れであるシオニズムはどうだったのでしょうか。共産主義から離れたヘスは、失われた祖国を取り戻さんとするヘルツルらと合流、これがシオニズム運動となり、一八九七年に世界シオニスト機構が設立されます。第一次世界大戦後、シオニズムは実際の運動をともない、パレスチナへのユダヤ人の帰還がはじまることになります。

イギリスの三枚舌外交とパレスチナ問題

ここで、なぜパレスチナの地にユダヤ人がイスラエル国家を建設できたのかという経緯について見ていきます。

何の許可も了解もなしに、すでに住民がいる土地に国家ができるはずはありません。イスラエルという国ができた背景には、第一次世界大戦が深く関わっています。

大戦時、イギリスはドイツとの戦いに苦戦していました。そのため、イギリスはユダヤ人の資本家から膨大な戦費を引き出す必要がありました。その一方で、イギリスは中東で同盟国側であるドイツとトルコの軍隊と戦うため、アラブ人の力を必要とした。

その問題解決のため、イギリスはアラブ人と一九一五年に「フサイン＝マクマフォン協定」を結び、アラブ人のオスマントルコからの独立を支持しました。なお、イギリスとアラブ人の共闘関係は、デビッド・リーン監督の映画『アラビアのロレンス』でくわしく描かれています。一方でユダヤ人に対しては、一九一七年に「バルフォア宣言」を表明し、パレスチナにおけるユダヤ人国家建設を支持しました。

「フサイン＝マクマフォン協定」を結んだことによって、イギリスはパレスチナにおけるアラブ人国家樹立を認めたと解釈できます。しかし、「バルフォア宣言」ではユダヤ人の国家建設を支持しているのです。

さらに、この二つの外交政策に加えて、イギリスは一九一六年に「サイクス・ピコ協定」という秘密協定をフランス、ロシアと結びます。この協定では、オスマントルコの領地はフランスと分割支配するとし、パレスチナは国際管理下におくことになっています。

この三つの矛盾する協定を結んだことで、イギリスは〝三枚舌外交〟を行ったとみなされ、国際的に強く非難されました。

パレスチナ問題の当事者であるユダヤ人とアラブ人は、当然ながらイギリスを非難するだけでは済みません。ユダヤ人は「バルフォア宣言」を根拠として、第一次世界大戦後にパレスチナへの帰還をはじめます。その後、ナチスドイツのユダヤ人に対するジェノサイドを受け、第二次世界大戦時にパレスチナへの帰還はさらに本格的になっていくのです。

イスラエルの独立とパレスチナの難民問題

政治学者の臼杵陽は著書『イスラエル』の中で「政治的シオニストのイメージの世界では、パレスチナの地は不毛な荒地で無人であり、たとえそこに先住民族であるアラブ人が居住していたとしても、その存在は取るに足らない、政治的には簡単に解決しうる問題だと認識していた」と書いています。

しかし、パレスチナに実際に住んでいたアラブ人から見れば、ユダヤ人の帰還は新たな植民地政策による支配であり、侵略でした。

ユダヤ人とアラブ人の対立が芽生えはじめた一九四七年、イギリスはパレスチナ問題の解決を放棄し、国連（国際連合）に問題の解決を丸投げしました。同年、国連はパレスチナにアラブ人の国とイスラエル人の国を併存させることを決めます。こうして一九四八年にイスラエルによる独立宣言が行われるのです。その後、パレスチナにいた多くのアラブ人が自分の住んでいた土地から追い出され、難民問題が生じていきます。

ジェノサイド●集団虐殺。おもに国家が特定の人々や民族に対し、大量虐殺を行うこと。第二次世界大戦時にナチスドイツがユダヤ人に対して行ったことから知られたが、現在の中東情勢ではネタニヤフ政権のもと、ユダヤ人によるパレスチナ人のジェノサイドが行われているともいわれている。

なお、イスラエルの独立を最初に認めた国はアメリカで、二番目がソ連です。ソ連の支持もイスラエルの独立にとっては非常に大きなものでした。しかし一九五〇年代に入ってから、ソ連はシオニズムに危機感を覚えはじめます。イスラエルが国力をつけたため、ソ連にいるインテリ階層のユダヤ人たちがパレスチナに帰還したいと言い出したからです。

さらに、一九五一年から一九五三年にかけて医師団陰謀事件が起きました。この事件でソ連の指導者たちを殺害しようとしていたとされる医師たちのほとんどがユダヤ人だったため、反ユダヤのキャンペーンがはじまった。ユダヤ人とソ連との関係はマイナスからプラス、プラスからマイナスへとジグザグの変化があったわけです。

スターリンは初期の『スターリン全集』第二巻に入っている「マルクス主義と民族問題」で、ユダヤ人は存在しないと主張しています。共通の経済単位がなく、コーカサスのユダヤ人とヨーロッパのユダヤ人との間には共通性がないというのが根拠です。さらに、スターリンは、ユダヤ人は民族ではないとさえ言いきっています。

イスラエルの生存権とは?

パレスチナ問題は、議論のスタート時点における立場設定が非常に重要です。この問題は、イスラエルの生存権を認めるか、すなわちユダヤ人の帰還権を認める立場に立つか、認めない立場に立つかで、完全に変わってくるのです。ちなみに私はユダヤ人の帰還権を認めるし、イスラエル国家の存続を認めます。そうであるならば、イスラエルとハマスとの対立に関しては、

医師団陰謀事件　モスクワのユダヤ人医師たちがソビエトの指導者を暗殺する陰謀を企てたとして告発され、反ユダヤ的な主張が湧き起こり、多くの医師が逮捕され拷問を受けた。しかし1953年のスターリンの死後、この事件はソ連指導部によって捏造されたものであることが発覚している。

イスラエルとパレスチナの地図

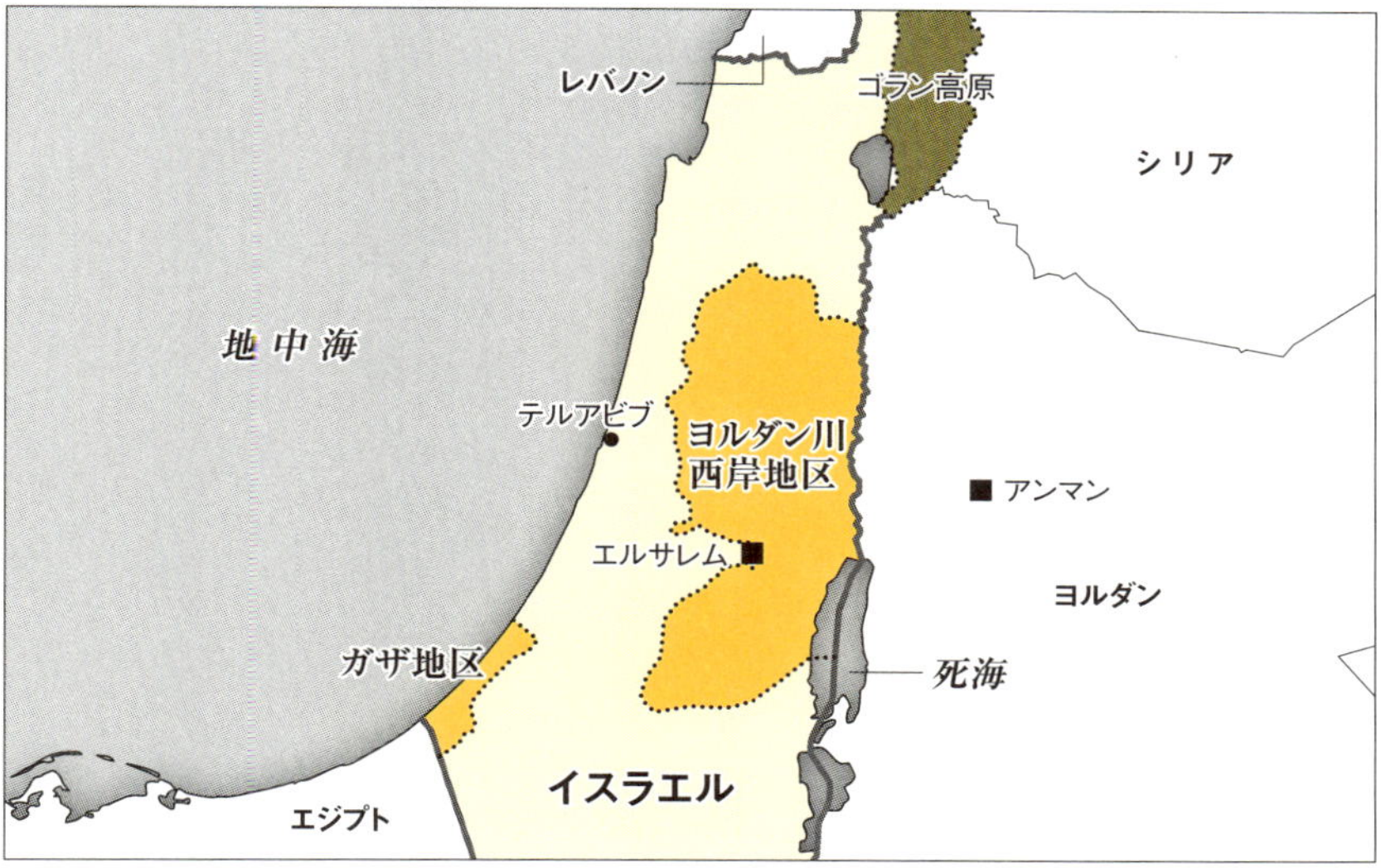

ハマスとの闘争は不可欠だという結論に至ります。

しかし、イスラエルはヨーロッパにいたユダヤ人がつくった植民地であるという立場の場合、ハマスの戦闘行為もテロも、パレスチナに住むアラブ人による植民地解放闘争ということになり、ユダヤ人はパレスチナに住んではいけないという結論に至ります。つまり、本来の自分たちの母国であるヨーロッパに帰れということです。

このように、パレスチナ問題を考えるにあたっては、立場設定が最も重要だという点を最初に理解しておく必要があります。

ここで国際社会の基本的なルールを確認してみましょう。国連がルールをつくるとするならば、国際社会の基本的なルールはイスラエルの生存権を認めるということになります。なぜなら、一九四七年に出された国連の最初の案は、パレスチナを現在のイスラエルの元となるユダヤ人国家とパレスチナ人国家とで二国家併用するというものだからです。ただ、それをパレスチナ人が拒否しています。つまり、パレスチナには一国しかないとパレスチナ人が主張したことが、ユダヤ人とパレスチナ人の本格的な対立のはじまりなのです。

四度の中東戦争ののちのオスロ合意

一九四八年にイスラエルが独立宣言をしたすぐあと、イスラエルの独立を認めないアラブ諸国とイスラエルとの間に戦争が起こりました。これが第一次中東戦争です。戦争は一九四九年まで続きますが、圧倒的な戦力差があったにもかかわらず、最終的にイスラエルが勝利を収めます。これによってイスラエルは独立を確実なものにし、国連による分割決議以上の範囲の領土を確保しました。

その後、三度の中東戦争があり、七〇万人といわれるパレスチナ難民が生まれます。

イスラエルとアラブ諸国との和平が実現したのは、一九七七年のエジプトのサダト大統領のエルサレム訪問がきっかけでした。さらに同年、アメリカのカーター大統領の仲介のもと、キャンプ・デーヴィッドで、サダト大統領とイスラエルのベギン首相が和平協定を結んだことで、中東戦争は終結しました。

しかし、イスラエルが周辺諸国と和平を結んでも、パレスチナ問題は解決されずにいました。

一九八七年になると、イスラエルの占領地ではインティファーダ（パレスチナ人による民衆蜂起）が起き、その後もイスラエルの実効支配に対する激しい組織的な抗議運動が続きます。

こうした対立を解決し、平和的に領土問題を解決するために結ばれたものが「オスロ合意」です。このオスロ合意は一九九三年、ノルウェーの仲介のもと、ＰＬＯ（パレスチナ解放機構）のアッバス事務局長とイスラエルのペレス外相の和平交渉の末に定められたもので、占領地からのイスラエルの撤退とパレスチナ人による自治政府を認めるという画期的な内容でした。

さらに同年、アメリカのクリントン大統領の仲介のもと、イスラエルのラビン首相とＰＬＯのアラファト議長はホワイトハウスにて、「パレスチナ暫定自治に関する原則宣言」に調印しました。この功績によって、ラビン、ペレス、アラファトは一九九四年にノーベル平和賞を受賞しています。

オスロ合意が履行されず、対立が続く

「オスロ合意」によってパレスチナ問題に光明が差し込むかに思われましたが、一九九五年、ラビン首相はユダヤ教急進派の青年によって暗殺されてしまいます。ラビン首相の後を継いだペレス首相は総選挙に敗れ、右派がイスラエルの政権を握ることになりました。

右派のネタニヤフ政権はパレスチナ問題に対して、強硬姿勢を取ります。一方のパレスチナ側も、イスラム過激派組織ハマスが、一九九六年の指導者ヤヒヤー・アイメーシュの暗殺を機に、自爆テロを繰り返すようになったのです。結局「オスロ合意」は履行されず、その後も、

インティファーダ●イスラエル占領地でのパレスチナ人の抗議運動。パレスチナ人の一斉蜂起。1987年にガザ地区ではじまり、元来は非武装の運動であったが、最終的にイスラム過激派組織ハマスの誕生につながった。

何度も和平交渉が行われるものの、失敗に終わりました。

パレスチナの歴史学者エリアス・サンバーは『パレスチナ——動乱の100年』で、「『オスロ合意』から4年後、和平プロセスは崩壊寸前に見えた。その責任を両陣営の過激派のみに帰するのは、単純化しすぎている」と述べています。私も同様の意見ですが、実情はもっと複雑で、存在論の根本に関わるものなのです。

実はパレスチナ自治政府は、憲法にあったイスラエルの破壊を目指す内容の条項を一九九六年に削除しています。つまり、現在はイスラエルの存続を認める立場にあるのです。しかしハマスやイランは、イスラエル自体の生存権を認めません。アラブ人内でも、一方は相手の存在を認めているが、もう一方は相手の存在を認めていないという構図なのです。

相手の存在を絶対に認めないという人たちと、果たしてどうすれば併存できるでしょうか。基本的には、それは不可能だと私は考えています。

もし、パレスチナ自治政府のように複数性を認めるなら、つまり二国家存続を認める人間が権力を握っている状況ならば、イスラエル人の国家もパレスチナ人の国家も共に存在できるでしょう。ところが、イスラエルという国家の存在権を認めない、ユダヤ人の帰還権を認めない、ここにいてはいけないという考えの人間が権力を握った場合、イスラエルもユダヤ人も存在できなくなります。

両者の考えはきわめて非両立的です。このことを理解せずに、現在のパレスチナ問題を語ることはできないと思います。

パレスチナ問題の経緯

前1200頃	モーセによる出エジプト、カナンへの帰還
前1000頃	ダビデ王、エルサレムを首都として統一イスラエル王国を建国
前950頃	ソロモン王、エルサレムに神殿を建築（第一神殿）
前930頃	イスラエル王国とユダ王国が分裂
前722	アッシリア帝国によりイスラエル王国が滅亡
前586	バビロニアによりユダ王国滅亡、バビロン捕囚、神殿破壊
44	ローマ帝国の属州となる（～634）
135	ローマ帝国、イスラエルの地をパレスチナと改称
634	イスラム諸王朝による支配（～1516）
1516	オスマン帝国による支配（～1917）
1915	フサイン＝マクマホン協定（英国がアラブ人の独立を承認）
1916	サイクス・ピコ協定（英・仏・露によりパレスチナは国際管理下に）
1917	バルフォア宣言（英国がユダヤ人国家建設の承認）
1947	国連によるパレスチナ分割決議（アラブとユダヤの国家併存を決定）
1948	イスラエルの独立宣言、第一次中東戦争勃発（～1949）
1956	第二次中東戦争（シナイ作戦）
1964	パレスチナ解放機構（PLO）設立
1967	第三次中東戦争（六日間戦争） →ガザ、ヨルダン川西岸がイスラエル主権下に
1972	日本赤軍によるテルアビブ空港乱射事件
1973	第四次中東戦争（ヨム・キプール戦争）
1975	イスラエル、ECの準加盟国に
1978	キャンプ・デービッド合意 →翌年、イスラエルとエジプトは平和条約締結
1982	イスラエル、レバノンに侵攻（～1985）
1987	インティファーダ（パレスチナ人の民衆蜂起）起こる
1993	オスロ合意 →ガザ、ヨルダン川西岸でのパレスチナ自治を承認
1995	イスラエルのラビン首相暗殺
1996	ハマス、ヒズボラによるテロ激化
2006	イスラエル、レバノン南部のヒズボラ拠点を空爆
2008	イスラエル、ガザのハマス拠点を攻撃（～2009）
2023	イスラエルとハマスの戦争勃発

CHAPTER-2
2

イスラエルの内在的論理

紛争を終わらせるために必要なことは何か

イスラエル軍の今回のガザ地区への軍事作戦に関する報道を見ると、日本だけでなく、多くの西側諸国がパレスチナ側の悲惨な状況だけをクローズアップしているように感じます。たしかにイスラエル軍の攻撃行動は過剰です。しかし、この戦争の本質は、イスラエルが何を考えて行動しているのか、イスラエルの内在的論理を明確にしようとする視点がなければ、見きわめることはできません。

さらにいえば、イスラエルとパレスチナ（正確にはハマスですが）の内在的論理を理解しなければ、いつまでも両者の停戦を実現させることはできないでしょう。両者の内在的論理を知るためには、両者の歴史、政治、軍事といったさまざまな背景をしっかりと押さえておく必要があります。

それぞれの内在的論理を正しく知り、両者の価値観や基準がどのようなものであるかを解明すれば、イスラエルやハマスの行動の方向性が究明できます。そこではじめて「紛争を終わらせるために最も必要なものは何か」ということがはっきりと見えてくるはずです。解決方法は

ポーランド、アウシュヴィッツ収容所の電気フェンス。ナチスによって建設された人類史上最大の虐殺事件の現場。Photo by taranchic / iStock

その段階に至ってから探っていくべきなのです。

　ここでは両者の内在的論理を知る最初のステップとして、まずはイスラエルの内在的論理は何かという点を考えていきましょう。

ジェノサイドを忘れるな！

　ユダヤ人にとって悲しむべき出来事は歴史上、数多くありましたが、最も大きな悲劇はアウシュヴィッツ収容所でのホロコーストに代表される、ナチスによるユダヤ人のジェノサイド（大量虐殺）です。

　イギリスの歴史家ポール・ジョンソンは、「600万近くのユダヤ人が殺された。その土地の宗教、キリスト教、非宗教的思想、迷信、知的思考、風俗習慣、

ホロコースト　第二次世界大戦中のナチスドイツによる、ユダヤ人の大量虐殺。当時ヨーロッパにいた全ユダヤ人のおよそ3分の2にあたる600万人が犠牲になったといわれる。ホロコーストは「全部」「焼く」を意味するギリシャ語を語源とした英語。

学術、その他あらゆる要素を含んだ2000年にわたる反ユダヤの憎しみが、ヒトラーの手によって圧倒的な勢いをもつ怪物に転化された。そしてヒトラーの類い稀なる精力と意志の力によって、この怪物は無力なヨーロッパのユダヤ民族を根こそぎにしたのである」(『ユダヤ人の歴史』)と述べています。

私たちは、ヒトラーの政策がいかに非人道的で残虐なものであったかを知っており、それを強く非難することは可能です。しかし、実際にそれを経験した人にとっては、非難するだけではとても済ませられないほどの過酷な出来事だったといえます。

この歴史上稀に見る**カタストロフィー**(破滅)の経験は、ユダヤ人に自分たちの国家を再建しなければならないという強い決意を抱かせるには十分すぎるものでした。この決意を実現させるため、ヨーロッパの多くのユダヤ人はパレスチナを目指したのです。

歴史学者エリアス・サンバーは前掲書で、当時のユダヤ人の状況について「パレスチナには不法移民があふれた。ユダヤ人は、ナチの蛮行に苦しめられたヨーロッパに、もはや戻りたいとは思わなかった」と述べています。ナチスの蛮行がユダヤ人の意識を大きく変えたことは間違いないでしょう。

また、ユダヤ人に対する偏見や差別を正すべきという声も大きくなっていきました。サルトルは『ユダヤ人』の中で、「ユダヤ人の立場を失わせるために敵方が払っている情熱と執着のいく分かを、イスラエル人の味方の人々も持ってそれを擁護のために用いさえすれば、イスラ

カタストロフィー 大きな災害。大異変。大惨事。自然災害や人的被害、経済危機などで社会や個人が大きなダメージを受けること。

エル人の勝利はそれだけで半ば確定するであろう」と書いています。

この言葉には、ジェノサイドの根幹にあったユダヤ人に対する長年の差別意識や拒絶反応をしっかりと反省すべきだという、戦後の知識人を代表するサルトルの考えが表れています。

ユダヤ人の生き残るための論理

さらにもう一つ、ジェノサイドによって植え付けられたユダヤ人の意識があります。

歴史学者の芝健介は『ホロコースト』で、「従来、ドイツ国内の多くの人びとは、アウシュヴィッツに象徴されるユダヤ人の絶滅政策について知らなかったという見方が少なくなかった。だが、近年の世論報告の分析によって、東部地域の情報は一般住民のあいだにも伝わっていたと考えられている。そしてほとんどのドイツ住民がユダヤ人の絶滅政策に対しては受動的な態度しかとらず、その多くが沈黙したのであった」と書いています。

ドイツをはじめとするヨーロッパ各国の人々は、ユダヤ人をジェノサイドから積極的には救わなかったという歴史的事実があるのです。

このような状況から、ユダヤ人が「他者をあてにしても無駄だ」という考えを抱いたとしても不思議ではないでしょう。ユダヤ人は祖国を持つ必要性だけでなく、多くの敵対勢力に囲まれたときにどうするべきかを考えるようになりました。要するに、「自分の身は自分で守るしかない」ということです。

このように、今回のイスラエルによる徹底したガザへの攻撃も、ユダヤ人の歴史とイスラエルの地理的背景による内在的論理がわからなければ、理解することは難しいのです。

一方、ハマスの行動は属性排除の論理に基づいています。属性排除は、一般にはわかりにくい考えですが、簡潔にいえば、ある特定の人々や民族などの存在を認めないという考え方、すなわち、ユダヤ人であるがゆえに地上から消滅させるということです。

この論理は、二十世紀最大の悲劇の一つ、ホロコースト（ナチスによるユダヤ人大量虐殺）にもつながる危険なものであることはいうまでもありません。

臼杵陽は前掲書で、「イスラエルは、ユダヤ人が多数派である国家を防衛するために、イスラエルの安全保障を脅かす『敵』に対しては、武力などの暴力を含むありとあらゆる手段を講じることになる。軍事国家イスラエルはユダヤ国家の生存のためには武力行使を厭《いと》わず、その行使を軍事的・政治的に正当化できるのである。その最たる事例が、エルサレムのユダヤ化政策と分離壁の建設である」と書いています。この臼杵の記述は、イスラエルの内在的論理を実に的確に表しているといえるでしょう。

このように、イスラエルの内在的論理を考えていくと、今回のガザ地区への軍事作戦実施は、イスラエルにとっての〝自衛権〟どころか、さらに根源的な権利である〝生存権〟を守るための軍事作戦であることがわかります。

かつてホロコーストを経験したユダヤ人にとっては、

「全世界から同情されながら滅亡するよりも、全世界を敵に回して戦ってでも生き残る」というのが本音であり、信念なのです。

いってみれば、これこそがイスラエルの論理であり、国是なのです。イスラエルは自分たちを排除しようとする敵、今回の場合はハマスに対し、徹底的に攻撃するはずです。ガザ地区でどれだけ多くの一般市民の犠牲があっても、攻撃の手を緩めることはないでしょう。

これらのことを理解せずに、安易な人道主義に走ってただ戦争反対だけを叫んでもまったく意味がないと私は考えています。

イスラエル政府の誤算

イスラエルの安全保障に関して、ベンヤミン・ネタニヤフ首相は、かつてはバランスの取れた政策を行っており、非常に優秀なリーダーでした。しかし、三度目の首相就任となった政権運営では、ハマスだけでなく、パレスチナ人に対しても、ひたすら強権的な政策を続けています。ネタニヤフ首相は、極右派に引っ張られ過ぎていると私は思います。

ハマスを封じ込めるためとはいえ、ガザ地区では、水道管やパイプ（爆弾の素材に転用できる）の搬入が厳しく制限されており、水道管の修理ができず、水道が利用できない場所が多数存在しています。

また、ガザ地区に唯一ある発電所も稼働が厳しく制限され、慢性的な電力不足に陥っています。さらに、失業率は四六パーセントで世界最悪の状況、貧困ラインで生活する人々は全住民の六五パーセントに上ります。こうした惨状から、ガザ地区に住むパレスチナ人の不満はピークに達しています。

イスラエルとハマスの衝突が起こった直接の原因は、ハマスが軍事的能力をつけたことにあります。ハマスが力をつけてきたことに、モサドなどの諜報機関やイスラエル政府は油断していて気づきませんでした。ガザを壁で封鎖し、さまざまな規制をかけたことで、イスラエル政府はイスラム過激派を完全に封じ込めたと勘違いしていたのです。

イスラエル政府の予想に反し、二〇二三年にまさかの事態が起きました。二〇二三年十月八日付の日本経済新聞には、「パレスチナ自治区ガザを実効支配するイスラム組織ハマスは七日朝（日本時間同日正午ごろ）、イスラエルに対して多数のロケット弾を発射し、戦闘員を侵入させた。同国軍はガザへの報復空爆に着手、ネタニヤフ首相は『戦争状態にあり、勝利する』と述べた」と書かれた記事が掲載されています。

このハマスの奇襲作戦には、イスラエルはもちろんのこと、世界の人々も驚かされたはずです。取るに足らないと思われていたハマスは、実は多くのロケット弾を持っており（五〇〇〇発のロケット弾を撃ち込んだとも）、ガザを取り囲んでいた一〇メートルの分離壁を破壊し、イスラエル領深くに侵入したのです。

この出来事によってイスラエル国内では一二〇〇人以上が命を落とし、約二四〇人が人質としてガザ地区に連れ去られました。ハマスによる襲撃と奇襲作戦の成功は、イスラエルの情報

イスラエル軍によるガザ地区への空爆。Photo by Palestinian News & Information Agency (Wafa) in contract with APAimages

戦および軍事面での敗北といえるでしょう。

紛争の拡大と世界各地の〝イスラエル離れ〟

奇襲を受けたイスラエルは、ただちにガザ地区のハマスの拠点と思われる場所を空爆します。続いて陸軍をガザ地区に突入させ、ハマスとの本格的な戦闘をはじめました。

しかし、約二二二万人のパレスチナ人が住むガザ地区への攻撃は、当然数多くの一般市民の犠牲をともないました。二〇二四年五月十三日時点で、一般市民の犠牲者の数は三万五〇〇〇人を超えており、その多くが子どもと女性だとされています。

この惨状を受け、常にイスラエルを支持してきたアメリカ政府もイスラエルと距離を置くようになっていきます。バイデン大統領とネタニヤフ首相の足並みは、現状かなりずれてしまっているといわざるを得ません。おそ

カリフォルニア州ハリウッドにて、イスラエルのガザ侵攻に抗議する人々。Photo by DnHolm / iStock

らく、ネタニヤフ首相も掃討作戦がここまで長引くとは思っていなかったのでしょう。

掃討作戦が長引いている理由はいくつかあります。まず、ハマスがイスラエル側の想定を超えて頑強に抵抗していることが挙げられます。

次に、市街地にはパレスチナ避難民が多数暮らしているため、思いきった掃討作戦ができないという理由もあります。そのような理由があっても、これほどの一般市民の犠牲者、とりわけ子どもや女性から多数の犠牲者を出してしまった責任の一部は、イスラエルにあるといわれても仕方ありません。

当初、多くの西側諸国はハマスの奇襲作戦を強く非難し、イスラエルの軍事作戦を支持していました。ところが、一般市民の犠牲者の数が増え続けたことで、国際社会が許容できる範囲を超えてしまった。従来、イスラエルを支持する立場にあったアメリカ社会でも、今や若者を中心に〝イスラエル離れ〟が起きています。これは、世界のイスラエルに対する態度が変化したことがわかる顕著な事例でしょう。

イスラエルの内在的論理がわかれば、イスラエルの生存権を守るための攻撃という主張自体は理解可能です。だからといって、ガザ地区に住んでいるパレスチナ人の一般市民の生存権を踏みにじる権利はイスラエルにはありません。イスラエルとハマスとの戦闘が長引けば長引くほど、国際社会はイスラエルに対する批判を強めていくことは間違いありません。

世界中で高まる非難の声にアメリカ政府も耳を傾けないわけにはいかず、イスラエルとアメリカの政策方針の違いは開いていくばかりでしょう。ハマス壊滅までネタニヤフ首相が攻撃の手を緩めないならば、イスラエルは国際社会でさらに孤立を強めていくと思います。

CHAPTER-2
3

ハマスが挑む〝絶望的な戦い〟

ガザ地区とハマス誕生の経緯

パレスチナ分割によって、現在パレスチナ人が居住する地区は二カ所あります。一つはヨルダン川西岸地区で、もう一つがガザ地区です。

ヨルダン川西岸地区はＰＬＯ（パレスチナ解放機構）による統治が行われています。当初、ガザ地区もＰＬＯ系のファタハが統治していましたが、二〇〇七年以降はイスラム過激派のハマスが実効支配している状態で、ハマスとイスラエル軍との戦闘は、二〇二三年十月にはじまったイスラエル軍の大規模な軍事作戦以前から、断続的に続いていました。

ガザ地区の面積は約三六〇平方キロメートル（福岡市より少し広い面積）で、そこに現在二二〇万人以上の人が暮らしています。世界で最も人口密度が高い場所といわれています。ほとんどの人は、一九四八年のイスラエル誕生によって難民となった人々とその子孫です。彼らはこの人口過密地帯で肩を寄せ合いながら、きわめて貧しい生活を送っているのです。

ガザ地区にあるアル＝アズハル大学の教授サイード・アブデルワーヘドの著書『ガザ通信』

パレスチナ解放機構●イスラエル支配からのパレスチナの解放を目的とした統合組織で、国連が認めるパレスチナ人の唯一の代表機関。1964年創設。当初、武装闘争によりイスラエルを敵視していたが、現在は二国併存でパレスチナを独立させることを目標とし、イスラエル敵視条項を修正している。

の中で、日本にやってきたガザの画家の言葉が紹介されています。

日本で日本人が生きているこの暮らし、これが、人間が生きるということであるなら、ガザにおける生、それは決して、人間の生などではありえない。自分はこれまでひとたびも人間として生きたことなどなかった。自分は日本に来て初めて人間となったのだ、だから、私の歳は七日なのだ。（『ガザ通信』解説文より）

ガザでの生活がいかに過酷で悲惨であるかが、わかる言葉です。

ハマスはこのガザ地区で誕生した政治組織です。ジャーナリストの土井敏邦は『「和平合意」とパレスチナ』で、『『イスラム抵抗運動』というアラビア語の頭文字を取った『ハマス』という組織は、インティファーダが発生した直後の一九八七年十二月、『ムスリム同胞団の闘争部隊』として登場した」と書いています。

また同書内で、土井はそのムスリム同胞団についても、「一九二八年にイスラムの大衆運動としてエジプトで誕生した組織である」と説明しています。

ハマスの母体であるムスリム同胞団には、過激な武力闘争を目指すという方向性はもともとなかったのですが、そこから生まれたハマスは徹底した武装闘争を行うことを目的とした組織です。創立当初からハマスは、イスラエルとの武装闘争を主眼としており、オスロ合意にも強く反対していました。そして、「ユダヤ人との共存はあり得ない」という点を変わらずに強く

ファタハ●1957年にヤセル・アラファトによって創設され、1967年PLOに参加し同機関の中心勢力となった。1980年代には欧米と交渉を重ねて穏健派化。急進派のハマスとは事あるごとに対立と和解を繰り返しており、2007年以降は、ハマスがガザ地区を実効支配し、ファタハがヨルダン川西岸地区を統治している。

主張しています。

先に述べたように、ガザ地区は当初、ＰＬＯ系のファタハが統治していましたが、二〇〇七年からはハマスが実効支配しています。このハマスの姿勢を考えれば、必ず何か取り返しのつかない問題が起きるだろうとは危惧されていました。

そして、二〇二三年十月七日、ついにハマスが奇襲攻撃をかけるにおよび、それに対してイスラエル軍がハマス掃討を目的に、ガザ地区への進軍を開始したのです。

イスラム原理主義はユダヤ人の存在を許さない

ハマスなどのイスラム原理主義者の考え方について、前出の臼杵陽は『世界史の中のパレスチナ問題』で、「パレスチナはワクフ（アッラーに寄進された土地）であり、その土地は一片たりといえども異教徒に売り渡してはならない」とするハマスの主張を紹介しています。

これはつまり、イスラエルを、ユダヤ人を地図上から完全に追い出すということです。ハマスは前項で言及した「排除の論理」を展開しており、イスラエルの存在をまったく認めていないのです。

過激な思想を持つハマスですが、結成当時からパレスチナの人々は強く支持していました。その理由は、ハマスが単なる軍事組織ではなく、社会福祉も押し進める組織だったからです。臼杵は『世界史の中のパレスチナ問題』で、「ハマースは政治部門だけではなく、社会慈善活

シーア派　イスラム教の一派で第4代カリフのアリーとその子孫をムハンマドの後継者と認める派。イスラム教の9割を占めるスンナ派とは対立している。イランは代表的なシーア派国家。

動部門ももち、医療、教育、福祉などのムスリム大衆への慈善活動の草の根ネットワークを形成して、貧しいムスリムからの支持を獲得していました」とも述べています。ハマスが単なるイスラム過激派組織ではない点を指摘した言葉です。

当初、ハマスのおもな攻撃手段は自爆テロでした。そのため、イスラエルはガザ地区を高い壁で囲い、パレスチナ人のイスラエル側への移動を厳しく制限しました。

これによって、パレスチナの人々の暮らしはいっそう苦しくなり、反イスラエルを掲げる強行組織であるハマスへの支持は高まっていきました。やがて、サウジアラビア、イラン、ヨルダンなどから資金援助を得て、ハマスは近代兵器を手に入れ、ロケット弾でイスラエル領を攻撃するようになります。当然、攻撃されたイスラエルも報復としてガザ地区のハマスの拠点を攻撃します。この攻撃の応酬は何年も続き、ついに今回のハマスの奇襲とその後のガザ地区へのイスラエルの大規模な軍事作戦が起こったのです。

ハマスを強攻に走らせた中東での地殻変動

なぜハマスはこの時期に奇襲作戦を決行したのでしょうか。その理由の一つに、中東における新たな情勢の変化があります。

イスラム教シーア派の大国イランと、中東の盟主にして石油大国・スンナ派のサウジアラビアが急接近し、国交樹立の交渉が密かに進められました。さらにサウジアラビアは、イスラエルとの和平交渉も行いつつありました。

スンナ派●イスラム教の一派で、大多数によって受け入れられてきたスンナにしたがう多数派。スンニー派ともいう。スンナとは、預言者ムハンマドの慣行・範例を意味する。

リージョナルパワー（地域の最強国）であるサウジアラビアが、パレスチナ問題を棚上げにして、ハマスの宿敵であるイスラエルに歩み寄るという状況に、ハマスは焦燥感を高めます。さらに、ネタニヤフ首相の強硬路線によって、ガザ地区の貧困化は急加速し、実効支配者であるハマスへのパレスチナの人々の不満は高まっていました。

この状況にハマスは、中東地域で孤立し、ガザ地区での支持も失い、ジリ貧状態になると考えたはずです。そして、このまま自然消滅するくらいなら、組織が滅ぶ可能性すらある〝一か八かの賭け〟に出ることを選択します。それがイスラエルへの奇襲攻撃であり、一〇〇倍返しされる覚悟を持って起こした行動だったのです。

イスラエルの作家デイヴィッド・グロスマンは二〇〇三年に書かれた『死を生きながら――イスラエル 1993-2003』ですでに、「パレスチナのイスラム過激派『ハマス』の原理主義者は、容赦のない絶望的な戦いを挑むだろう。彼らは悪夢のような雰囲気を作り出そうとするにちがいない」という発言をしています。

イスラエルにとってハマスとは、ユダヤ人とイスラエルが消滅するまで徹底抗戦を叫び続け、それを実行してやまない実に危険きわまりない組織なのです。

ハマスの滅びの美学

ハマスの抱いている〝滅びの美学〟は、前九世紀～前二世紀ごろに存在した植民都市国家カルタゴ（現在のチュニジアの北側）に近いものがあると私は考えます。カルタゴ人は、当時の巨大帝国ローマとの激闘の末に滅んだ民族です。ハマスにもカルタゴ人の悲壮な覚悟、追いつめられた民の滅びの美学のようなものがあると感じられます。

強大な戦力と国力を持つ古代ローマに果敢に挑んだカルタゴの勇姿に、ハマスは自分たち自身を重ね合わせたのではないか。ハマスは滅びることで、イスラエルとユダヤ人の横暴が糾弾され、神からの罰を受ける。自らは多くの人たちの記憶に刻まれ、神の国に行ける。そういう物語を描いてから蜂起したのではないでしょうか。

ハマスの思想には、戦後の日本がアメリカから吸収していった西側的価値観である「個人主義」や「生命至上主義」は存在しません。しかし、ある種の合理主義があるから恐ろしい存在なのです。

その合理主義には「殉教」という概念が入っています。つまり、現世でのジハード（聖戦）によって、アッラーのために、イスラム教のために身を捧げれば、死んでから天国に行き、永遠の平和を得ることができるという考え方が、ハマスにはあるのです。

イスラム主義の観点から見ても、今回の奇襲にはハマスなりの合理性があり、それは彼らの内在的論理に繫がるものなのです。

こうした自己合理化の思想はイスラエル側にもあり、イスラエルは中東の北朝鮮ともいえるような側面もあります。なにしろ核の保有国なのです。先に述べたように、イスラエルには、

ジハード●『コーラン』において、イスラム教徒に課せられた義務の一つで、イスラム世界の拡大または防衛のための戦い。聖戦。異教徒との戦い。

全世界に同情されながら死に絶えるよりも、全世界を敵に回してでも戦い生き残るという考え方があるのです。

北朝鮮も究極的には、「我ら朝鮮民族が、世界最強のアメリカ帝国主義とその連合国と戦って消滅しても、その志が歴史に残ればいい」と思っているかもしれない。

イスラエルに関していうならば、たとえ国家が滅亡したとしても、民族の志のために最後の瞬間まで戦った、そういう民族がいたということが歴史に刻まれればよいとまで考えているのです。この決意はかなり強いものです。そこには、自分たちは選ばれた民族であるから、絶対にこの試練を乗り越えて勝つことができるという強い信念がある。

このように、似たような滅びの美学を有するイスラエルとハマスがぶつかり合っているのが、今回の紛争の実態です。

イスラエルとハマス、どちらが結局悪いのか？

今回のイスラエルの軍事作戦の目的は明白です。それは、ハマスというテロリスト組織の解体、つまりガザ地区の中立化です。

イスラエルにとっては正しい行動であり、日本をはじめとする西側諸国もイスラエルの行動に対して理解を示しています。結局、ハマスがイスラエルの存在を認めない以上、生存権を賭けてイスラエルはハマスを徹底的に攻撃します。ただ、イスラエルはパレスチナ人を滅亡させようとは思っていません。あくまでも、ハマスを掃討することが目的です。この点は両者の大きな違いで、非対称的な面です。

ただし、いかに正当化できる行動であっても、両勢力によって多くの過ちが起きています。ハマスの奇襲攻撃によって死亡したイスラエル人には何の罪もありませんでした。一方、イスラエルのガザ地区への軍事行動で、多くの無辜《むこ》の民の命が失われています。

悪いのは最初に奇襲をかけたハマスです。しかし、その後のイスラエル軍の軍事行動による一般市民の犠牲者の数があまりにも多く、当初イスラエルを支持した西側諸国からも批判の声が強まっています。

イスラエル国内でも、行き過ぎた軍事行動に対してネタニヤフが批判されていますが、それはパレスチナに同情しているというよりも、単にやり方が悪いという立場を表明しているのです。ハマス掃討支持という立場は、左派・右派に関係なくイスラエル全体のものですが、ネタニヤフを引きずり下ろせと言っているのは、極右に引きずられたネタニヤフがガザ地区の一般民衆を殺戮しすぎていることへの批判です。

つまりは、極右と、それに引きずられているネタニヤフを切らないと、このままではハマス壊滅とガザ地区の中立化が進まない。「ネタニヤフでは効率的な戦いができないから、辞めさせろ」という意味なのです。

要するに、こうした批判は今回の軍事作戦を批判しているのではなく、もっとうまくやってイスラエル人の人質解放をちゃんと優先させろ、ということでしょう。この点を私たちは正しく認識しておく必要があります。

CHAPTER-2
4

イランとイスラエルの立ち位置

ハマスの強力な支援者としてのイラン

イスラム原理主義組織であるハマスとイスラエルとの紛争に関して、キープレーヤーは、もちろんイスラエルとハマスです。しかしながら、紛争地周辺で注視しておかなければならない国があります。それはイランです。イランがどういう意志を持ってどういう行動をするか。イランの完全な代理人である**ヒズボラ**がどう行動するかが重要となります。

ハマスはスンナ派でイランはシーア派ですが、共闘関係にあります。この問題に関しては同じイスラム過激派組織であっても、**イスラム国**（ＩＳＩＬ）や**タリバン**などは主要なプレーヤーになり得ません。今回の紛争の中東における主要プレーヤーはイスラエル、ハマス、イラン（それに加えて、イランの支援を受けるレバノンのヒズボラ）に限定しておきましょう。そのほうがシンプルで理解しやすいからです。

では、なぜシーア派のイランがスンナ派のハマスに肩入れするのでしょうか。それは両者が

ヒズボラ●レバノン南部を拠点とする、イスラム教シーア派の政治・軍事組織。原義はアラビア語で「神の党」。

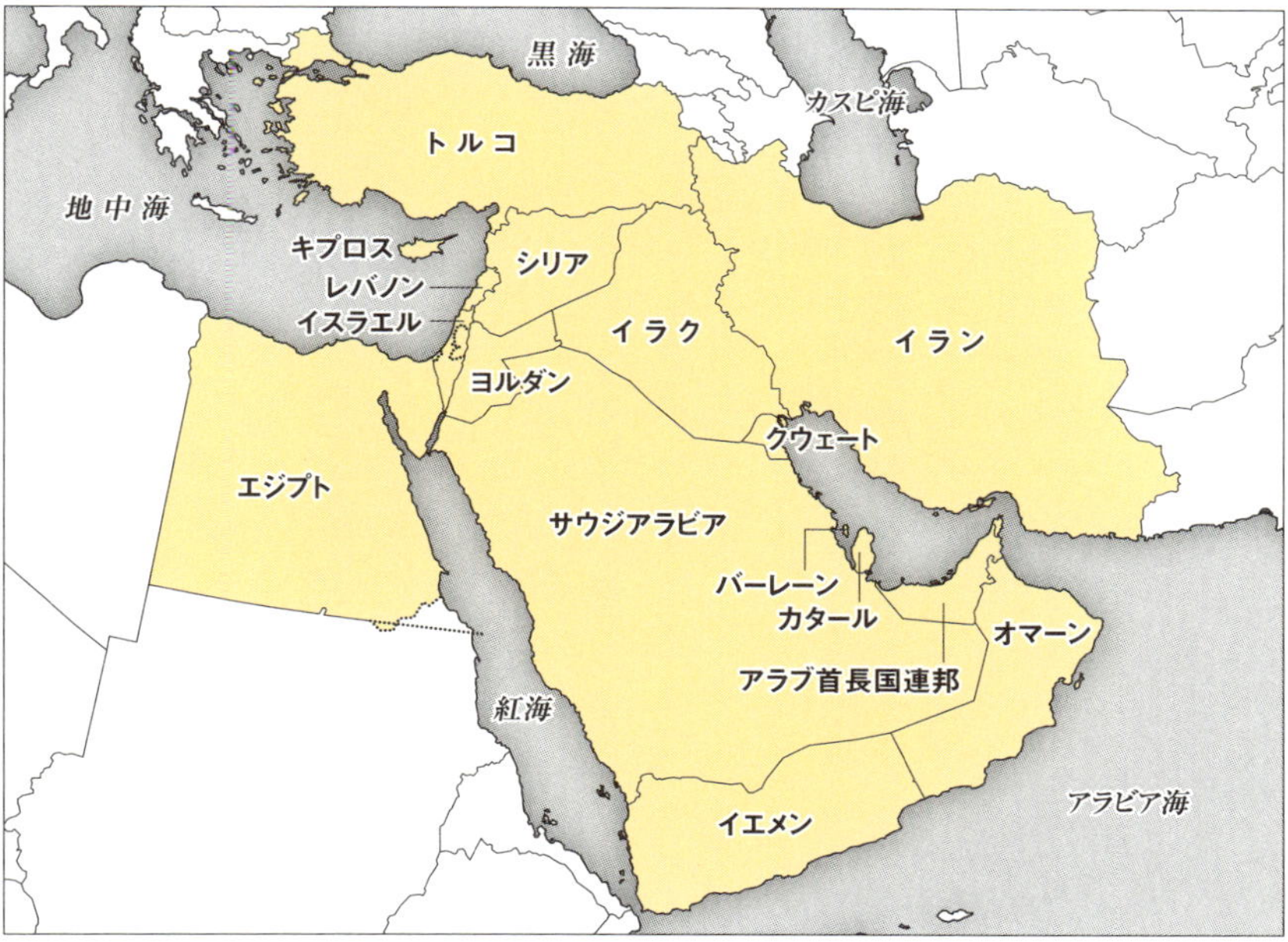

(上)イランの陸軍将校らによる軍事パレード。宗教指導者であるアヤトラ・アリ・ハメネイ師の姿が見える。Photo by Hermsdorf / iStock（下)中東の地図。レバノン南部にはヒズボラの拠点があり、イエメン北部はフーシ派が実効支配している。その他、多くのテロ系組織、イスラム原理主義系組織が中東各地に散在している。

基本的にイスラエル（ユダヤ人国家）の生存権を認めず、アングロ・サクソン的西側の民主主義の論理に否定的で、「アメリカとその支援を受けるイスラエルは許すまじ」という点で一致しているからです。

現体制のイランは、親米派の王朝を打倒してイスラム原理主義に基づく国づくりに邁進《まいしん》してきました。今のイランには、アメリカ的価値観とその支援を受けるイスラエルは「絶対的に滅ぼさなければならない相手である」という考え方があります。

イギリスのジャーナリスト、ジェイソン・バークは『21世紀のイスラム過激派』で、イランの反西洋主義について、「『大悪魔』『西洋の毒』『十字軍＝イスラエル連合』などというイランのイスラム主義者たちの用語は、急速にイスラム社会全体で日常の言葉になっていった」と述べています。

イランは、こうした西側諸国やイスラエルへの憎悪の発信源として大きな役割を担っているのです。この点に関しては、あとでもう一度くわしく見ていきます。

イランとサウジアラビアの和解という衝撃

イランとハマスの関係を検討する前に、イスラム教のシーア派について少し説明しておく必要性があります。イスラム研究者の池内恵は『シーア派とスンニ派』の中で、「全世界のイスラーム教徒のおよそ一割、あるいは一割五分程度がシーア派と言われており、残りの多くはス

イスラム国　イスラム教スンナ派の過激派組織。IS。2014年6月、シリアやイラクにまたがる地域を支配し、一方的に国家を宣言した。その後、勢力は衰退したが、今もテロなどの行動を行っている。

ンニ派である」と述べ、イスラム世界全体の比率では、スンナ派が圧倒的多数で、シーア派は周縁にいるマイノリティという印象だと解説しています。

スンナ派とシーア派の分離について池内は、「預言者ムハンマドの後継者問題をめぐって生じた紛争に由来している。端的にいえば、スンニ派は、預言者ムハンマドの死後に、歴史上に実際に行われた権力継承の過程を、全面的に肯定する立場である。これはすなわち政治的な『主流派』だったと形容してもいいかもしれない。それに対してシーア派は、実際に行われた権力継承の過程の大部分を否定する『反主流派』の政治的立場が元になっている」と記しています。

この違いはしばしば両派の対立を生みました。特に、シーア派のイランとスンナ派のサウジアラビアという中東の二大大国の対立に繋がっている点は重要です。その対立を超えて両国が手を携えようという動きがありました。それが二〇二三年三月の中国の仲介による両国の国交樹立です。

このニュースはアメリカに衝撃を与えました。国際政治学者の篠田英朗は『戦争の地政学』で、「現在でも、アメリカは、イランに対する警戒心はなくしていない。その理由の一つは、イランがこの地域で拡張主義的政策をとる反米国家だからだと言える。イランがロシアや中国と接近したうえで、中東における覇権的な影響力を行使していくようになる事態だけは防いでいくのが、英米系地政学が導き出す洞察だろう」と述べています。

タリバン●1994年にイスラム神学生を中心にアフガニスタンに結成された、イスラム教スンナ派の原理主義宗派。1996年に首都カブールを制圧するが、2001年のアメリカの軍事作戦で政権崩壊。アメリカ軍の撤退を機に、2021年に復権し、アフガニスタンを実効支配している。

イランとサウジアラビアの和解は、アングロ・サクソンの地政学上の戦略を完全に打ち壊す事件でした。それだけではなく、サウジアラビアは仇敵イスラエルとも平和条約を結ぼうとしていました。

ハマスにとって、この和解の方向性は衝撃的な出来事でした。同じスンナ派であるサウジアラビアが自分たちを見捨ててイスラエルと手を結ぶということは、イスラエルという国の地上からの抹殺を叫び続けている自分たちの破滅を意味するからです。それゆえ、今回のハマスの捨て身ともいえる無謀な奇襲作戦が起きたのです。

イランのイスラエル攻撃はプロレスのようなものか?

二〇二四年四月十三日のイランによるイスラエル攻撃は、イランの準軍事組織であるイスラム革命防衛隊がヒズボラ、フーシ派と協力して、無人機や弾道ミサイルでイスラエル本土を標的にしたものです。

四月十五日付の毎日新聞には、「イランの革命防衛隊は13日夜（日本時間14日朝）、在シリアのイラン大使館空爆などへの報復として、イスラエルを標的にミサイルや無人機（ドローン）による大規模な攻撃を実施したと発表した」という記事が見られます。

イランとイスラエルがはじめて直接戦火を交えたことが大きく報道されましたが、イランは本気でイスラエルと事を構えて第五次中東戦争にまでいくことは意図していません。あくまで

フーシ派◉イエメンの北部・中央部を実効支配している親イランの反政府武装集団。シーア派系のザイド派イスラム主義者であるフーシ師を指導者としていたが、2004年に当局に殺害され、以後フーシ派と呼称（蔑称）されるようになった。正式な名称はアンサール・アッラー（神の支持者）という。

イランが開発したシャヘド136ドローン。ロシア軍にも提供され、ウクライナ侵攻に使用されている。
Photo by Tasnim News Agency

も国際法的な「相互主義」に基づいて形式的にイスラエルを攻撃した、いわば〝出来レース〟であると、お互いに認識しているのです。

つまり、それは〝国家間のプロレス〟といえます。その証拠に、イランが飛ばしたドローンやミサイルのスピードは遅く、またイラン側が事前に通達したことで、九九パーセントはイスラエルが自国に到達する前に撃破しました。

しかし、一〇〇パーセント防御できなかったことの意味は非常に大きなものがあります。なぜなら、イランの保持する核兵器ロケットがたとえ一発でもイスラエル国内に着弾すれば、あっという間にイスラエルは地図上から消えるからです。その意味でイスラエルは、プロレスとは認識しつつも、そうとうなショックを受けたのではないでしょうか。

要するに、イランはイスラエルになんらかの報復をしないと国民にも示しがつかないため攻撃を仕掛けましたが、本格的な戦争になることは望んでいなかった。その後、イスラエルの報復攻撃があることはありましたが、現在両国が戦闘状態に入っていないことからも、これはそう理解できます。相互に以心伝心でやったプロレスだったのです。

こうした国家間の駆け引きを理解しなければ、中東情勢を大きく見誤ることになります。

スンナ派のハマスがシーア派のイランと手を握る理由

一般的な日本人には、スンナ派のハマスがシーア派のイランと手を握ることに違和感を抱く人が多いと思います。しかし、実際にイランは長年ハマスに資金援助をしていただけでなく、イラン国内でのハマスの軍事訓練も支援してきました。

両者の結びつきは予想以上に強固なものです。ジェイソン・バークは前掲書で、「イスラム世界に古くからあった反ユダヤ主義は、シオニズムへの反発と融合し、毒性のある強烈さを持つに至った」と述べています。この〝毒性のある強烈な反イスラエル〟というイデオロギーを持つ突出した存在が、イランとハマスなのです。

両者の関係はパソコンのＯＳの違いで考えるとわかりやすくなります。

スンナ派のハマスの源流はもともとエジプトにありました。それをウィンドウズのＯＳにたとえましょう。それに対して、シーア派のイランのOSはアップル（iOS）だとします。

ハマスはウィンドウズ（スンナ派）の世界だけで起動するので、すなわち、ハマスの主張はスンナ派の世界において影響力を持つわけです。これを裏返すと、王政であるサウジアラビアやアラブ首長国連邦、軍政のエジプトといった国々にとって、ハマスのような宗教者が支配するイスラム原理主義的な主張は、同じスンナ派だからこそ、自分たちの体制に影響を与え、ぶつかり得る脅威となるのです。

ところがイランの場合、アップル（シーア派）ですから、ウィンドウズ系からの影響力がおよびません。ハマスのOSはイランのiOSとは互換性がないため、心置きなくイランはハマスの支援ができ、ハマスは躊躇なくそれを受け入れられるわけです。

これは非常に逆説的な事柄です。宗教的に近い相手は支援できないですが、宗教的に異なる相手は支援できるというアイロニーなのです。

イランの大統領は暗殺されたのか？

四月にイランのイスラエル領への報復攻撃が起きた後、世界中が衝撃を受けた事件が五月十九日に起きました。イランのライシ大統領が乗ったヘリコプターが墜落し、他の搭乗員とともに大統領が死亡したのです。ライシ大統領は現職の大統領であっただけでなく、最高指導者ハメネイ師の信頼も厚く、ハメネイ師の後継者とも目されていた人物です。

ライシ大統領の死で、イラン国内が悲しみに包まれただけではなく、イランとイスラエルが直接交戦した直後ということもあり、イスラエルによる暗殺説も囁かれました。

しかし、イラン政府は暗殺説を否定しました。イランのニュースサイト、ParsToday日本語版の五月二十日付の記事には、「イランのライースィー大統領やアミールアブドッラーヒヤーン外相らが、国民のために職責を果たす中、同国東アーザルバーイジャーン州ヴァルゼガーン郡でヘリコプター事故に遭い、殉教しました」と書かれています。

また、この記事には、「ライースィー大統領、アミールアブドッラーヒヤーン外相、そして代表団は式典後、移動のためにヘリコプターに乗りましたが、大統領らが乗る機体は悪天候に巻き込まれ、同州ヴァルゼガーン郡で墜落しました」とも書かれています。


このニュースを知ったとき、私は二つの点に関して違和感を覚えました。

一点目は、イランの危機管理体制についてです。イランは準戦時体制下にある国で、常に潜在的敵国や敵対するテロ組織からの攻撃を警戒しています。こうした国では、ヘリコプター移動の際に大統領と外相が同乗するというようなリスクの高いことは通常行われません。攻撃された場合、死亡するリスクが高い飛行機やヘリコプターに複数の要人を乗せないというのは、危機管理の鉄則だからです。イランはなぜ、二人の要人を同じヘリコプターに同乗させたのか。私にはそれが理解できません。危機管理体制に緩みがあったとしか思えません。

二点目の違和感は、イラン当局が本件を「天候不良による事故」として即座に〝店仕舞い〟したことです。現場検証（特に、爆発物が用いられた可能性についてのチェック）、ボイスレコーダーやフライトレコーダーの回収・分析をせずに、このような発表を迅速に行った背景には政治的意図があると考えられます。「事故」として処理しなければ、イスラエルやアメリカによるテロではないかとの憶測が強まり、中東情勢が混乱することをイラン当局は警戒したのだと私は思います。

イラン政府のこうした対応にもかかわらず、あまりにも衝撃的なニュースであったために、このヘリの墜落が第五次中東戦争、あるいは、第三次世界大戦の引き金となるのではないかという見解がメディアなどで示されました。

しかし、そのような事態は望んでいないというメッセージを伝えるために、イラン政府は「事故」という公式見解をすぐに示したのです。

もう一つ注目すべき点がありました。このヘリコプター墜落を受けて、日本政府が即座に「日本国政府および日本国民を代表し、謹んで哀悼の意を表する」（朝日新聞デジタル五月二十一日版）と発表した点です。

突発事態が起きた際の対応で、各国の外交とインテリジェンスの能力がはっきりとわかります。このときの日本政府の対応の速さと情報の質の高さは、世界トップクラスのものでした。このことで、秋葉剛男国家安全保障局長と原和也内閣情報官（二〇二四年七月現在）の能力がきわめて高いことが、あらためて実証されたと私は思いました。

CHAPTER-2
5

トランプはなぜイスラエルを支持するのか？

典型的なプロテスタントとしてのトランプ

トランプは前回の大統領時代もそうでしたが、今回の選挙（二〇二四年十一月）でもし大統領に返り咲いたら、彼は基本的に自国ファーストの政策を取るでしょう。

とはいえ、イスラエルに関してだけは例外です。トランプの二〇一五年の大統領出馬声明には、「彼（オバマ）がイランと結ぼうとしている協定を見てごらんよ。あんな協定を結んだら、イスラエルはもう存在しなくなってしまう。大災難だね。僕たちはイスラエルを守らなきゃならないっていうのに」という言葉があります（『完全対訳　トランプ・ヒラリー・クルーズ・サンダース演説集』）。

これはイスラエルを特別視していることがよくわかる言葉で、その理由を考えることが重要ですが、まずはトランプの内在的論理を考察するべきです。

トランプは傍若無人で一見マッドマンに見えますが、プロテスタントのカルヴァン派の倫理観を体現した人物です。つまり、トランプは基本的に真面目に働く労働者が好きだということ

カルヴァン派　プロテスタントの聖書中心主義の一派。スイスで宗教改革を行った神学者ジャン・カルヴァンに由来する。禁欲、勤労、蓄財を奨励し、資本主義の発達に大きな影響を与えたといわれる。ピューリタン（清教徒）、プレスビテリアン（長老派）、ユグノーなどとも呼ばれる。

（上）保守政治活動協議会で講演するトランプ（2014年）。Photo by Gage Skidmore（下）トランプ大統領が、イスラエルのネタニヤフ首相とともに、イスラエルのゴラン高原の主権を認める宣言に署名（2019年3月25日）。Photo by Shealah Craighead

です。

マックス・ウェーバーは有名な『プロテスタンティズムの倫理と資本主義の精神』で、労働は「何にもまして、神の定めたまうた生活の自己目的なのだ。『働こうとしないものは食べることもしてはならない』というパウロの命題は無条件に、また、誰にでもあてはまる。労働意欲がないことは恩恵の地位を喪失した徴候なのだ」と述べています。

トランプの貿易品に六割もの関税をかけるという政策は、貿易収支の面でいっても関税で儲けようというものではありません。トランプの関心は雇用にあります。

これも意外なことでしょうが、トランプは投資や株のように右から左にお金を流して利鞘《りざや》を稼ぐことが嫌いです。つまり、アメリカの人類学者デヴィッド・グレーバーが『ブルシット・ジョブ——クソどうでもいい仕事の理論』で提唱したブルシット・ジョブ（生きるためにどうでもよく、不必要な仕事）が嫌いなのです。


トランプは錆びついた工場の中にいて、缶ビールをガバガバ飲んで、ちょっと肥満のアメリカの白人が好きなのです。ラストベルトにいる人たち、工場を稼働させて額に汗してお金を稼ぐ人たちや、そういう人たちがつくり上げる社会が好きなのです。

職業召命観、すなわち、自分の職業を天職と考え、日々真面目に働くことが、神の御意志に適い、救いの道に通じているというプロテスタントの考え方を、トランプは尊重しています。「私は低学歴の人が好きだ」とトランプは言っていますが、これは本心でしょう。

ブルシット・ジョブ●無意味な仕事、クソどうでもいい仕事の意。アメリカの人類学者のD・グレーバーの著書名（『ブルシット・ジョブ』）から有名になった。広告制作会社、広報調査員、コンサルタント、企業の受付などがその代表とされる。日本でも、現代人がいかに「仕事のための仕事」であるブルシット・ジョブを行っているかが指摘されはじめた。

トランプにとって、雇用が最も重要な案件であり、アメリカ人の雇用に繋がらないことは否定します。その意味で、「もしトラ」が起これば日本とはぶつかることになります。

クリスチャン・シオニストとは？

トランプはプロテスタントのカルヴァン派の一派に所属していますが、なぜ娘や孫がユダヤ教に改宗してしまったのか。そのへんの事情が日本の報道では曖昧で、よくわかりません。これは「クリスチャン・シオニズム」と関係する問題です。

クリスチャン・シオニズムについて話す前に、アメリカ人と宗教について言及しておく必要があるでしょう。

アメリカ研究者の上坂昇は『神の国アメリカの論理』で、「宗教に関連する項目について、アメリカ、イギリス、フランス、ドイツ、日本のデータに限って見ると、アメリカの特異さが明らかになっている。神の存在を信じる割合は、アメリカ人九四・四％、イギリス人六〇・五％、フランス人五五・九％、ドイツ人六一・一％、日本人は三五％である。生活において宗教がどの程度重要かについては、『大変重要』と『やや重要』の二段階あるが、アメリカ人は五八・三％と二四・七％で、合わせると八三％が重要と考えている。他のヨーロッパ諸国は合わせても三〇％台から四〇％止まりであり、日本は二〇％弱である」と指摘しています。

アメリカが他の西側先進国とはまったく異なった宗教観を持っていることが十分にわかる指摘です。

ラストベルト　アメリカの中西部から北東部の五大湖周辺に位置する、鉄鋼や石炭、自動車などの主要産業が衰退した工業地帯のこと。大統領選でトランプを支持したことでも知られる。

クリスチャン・シオニズムとは、ユダヤ人の聖なる地への帰還と一九四八年のイスラエル建国が、聖書の預言通りになされたと信じるキリスト教思想の一つです。

彼らはディスペンセーショナリズム、つまり、やがてキリストが再臨し、神の国イスラエルでユダヤ人と異邦人が区別なく自由を得て、千年王国が到来する、ということを信じています。この考え方は神学上の解釈に留まらず、実際にユダヤ人をパレスチナに帰還させる政治・社会運動にもなっています。

一般的に「アメリカ政府が頑なに親イスラエル政策を実施するのは、アメリカ政府がユダヤ系メディアやユダヤ系政治家などの強い影響の下にあるためだ」といわれていますが、アメリカ政府が親イスラエル政策を実施する理由はそれだけではありません。ユダヤ人シオニストと利害を共有するクリスチャン・シオニストがアメリカ国内で巨大な勢力を持ち、イスラエル共和国を擁護・支持していることが大きな理由なのです。

さらに、前掲の本で上坂は「アメリカ国民一般も、イスラエルに対しては特別な感情をもっている。国際社会では、イスラエルのパレスチナ人に対する非人道的な抑圧が非難されるが、アメリカ人は圧倒的にイスラエル支持であり、パレスチナに対してはきわめて冷淡である」と述べ、アメリカ人全体のイスラエル支持がゆるぎないものであることを示しています。端的にいえば、イスラエルを支持するアメリカ人の中心にクリスチャン・シオニストがいるといって

クリスチャン・シオニズム●右派キリスト教の思想の一つ。パレスチナの地は神がユダヤ人に与えたもので、イスラエル国家の建設は聖書に預言されていたとして、ユダヤ人のイスラエル帰還を支持する。聖書の記述に従うなら、キリスト再臨にあたってはイスラエルが存続している必要があるからである。

よいと思います。

クリスチャン・シオニズムの内在的論理

キリスト教には、最終的にユダヤ教とキリスト教とが一体化するという教義があります。これは「終わりの日におけるイスラエル」として聖書にも書かれており、ルター派からはじまって、カルヴァン派にも受け継がれています。

カルヴァン派の一派に所属しているトランプにとって、孫がユダヤ人になっても、終わりの日にはみんなキリスト教徒になるのですから問題はないのです。それはたとえば、日光に裏街道で行くか表街道で行くかの違いだけで、裏街道から行っても、最後にはちゃんと日光東照宮に着くのだから同じであるということです。

注意しなければならないのは、カルヴァン派＝クリスチャン・シオニストではないという点です。クリスチャン・シオニストはキリスト教右派といわれています。カルヴァン派を含むアメリカのプロテスタント信者には、リベラルな考えを持つ人たちも数多く存在しています。しかし、クリスチャン・シオニスト的な考えを持つカルヴァン派の人々は、イスラエルやユダヤ人に対してかなり強い思い入れがあります。

日本文学研究者のデイヴィッド・グッドマンとユダヤ研究者の宮澤正典が書いた『ユダヤ人陰謀説』という本がありますが、この本の中にクリスチャン・シオニズムの歴史がしっかりと示されています。

ディスペンセーショナリズム 人類史は7つの時期からなるとする神学思想。①無垢の時代（天地創造～楽園追放）、②良心の時代（大洪水の前まで）、③人間統治時代（バベルの塔まで）、④約束の時代（アブラハム～モーセ）、⑤律法の時代（モーセ～イエス）、⑥恵みの時代（イエスの死～現代）、⑦御国の時代（キリスト再臨～千年王国）。

トランプの論理はまさにこのクリスチャン・シオニズムに基づくものです。トランプは、ユダヤ教とキリスト教は究極的にはいっしょになるものと捉えています。アメリカに根強く存在している右派の保守思想は、教派を超えたクリスチャン・シオニズム的な考え方なのです。このあたりの問題は、宗教という側面から物事を考えることをあまり行わない日本人にはわかりにくいかもしれません。

なお、クリスチャン・シオニズムは、日本のプロテスタントの中では、日本基督教団のようなメインストリームではなく、かなり少数派です。また、クリスチャン・シオニズム的な考え方は、カトリックとは相容れません。

日本の典型的なクリスチャン・シオニズムの団体としては、キリスト教系新宗教の「キリストの幕屋」があります。政治思想研究者の役重善洋は『近代日本の植民地主義とジェンタイル・シオニズム』で、「手島（郁郎）は、一九四八年に無教会主義のグループとして、のちに日本の代表的なキリスト教シオニスト組織となる『キリストの幕屋』を立ち上げた」と書いています。この手島郁郎は、内村鑑三の弟子の塚本虎二に私淑していた優れた聖書学者です。

CHAPTER-3

第3章

東アジアの有事の可能性を読む

ウクライナやイスラエルで
紛争が起こっている今、
私たち日本人の最大のミッションは
東アジアに紛争を飛び火させないこと。
そのためには、東アジアのキープレーヤーたちと
今こそ平和裏に交渉する必要がある!

CHAPTER-3
1

アジアのパワーバランスの行方

カマラ・ハリス、トランプ、どちらが大統領になっても変わらない

「彼（トランプ大統領）は馬鹿野郎だ。彼に何かを説明するなんて意味が無い。常軌を逸している。我々はクレージータウンの中にいる。私は我々がなぜここにいるのかさえわからなくなる。これまででこんなにひどい仕事を経験したことはない」

という言葉が、ジャーナリストの立岩陽一郎の『トランプ報道のフェイクとファクト』に書かれています。これはトランプ政権下で大統領首席補佐官を務めたジョン・フランシス・ケリーがある会議で語ったものです。

この発言からもわかるように、多くの人々がトランプを常識はずれで危険な人物とみなしており、トランプ自身も実際に多くの奇行を行っています。それゆえ、「もしトラ（トランプが大統領選で勝利すること）」が実現すると、日本、韓国、北朝鮮、中国のパワーバランスに大きく変化があると考えられています。しかし、もしトラ現象は短期と中長期で分けて見る必要があると思います。

まず中長期的には、「もしトラ」になっても、民主党政権が続いても、大きな違いはないはずで、アメリカは自国中心主義（アメリカ・ファースト）にどんどんなっていくと考えられます。ただ、短期的には、トランプになったほうがそのプロセスがよく見えて、アメリカ・ファーストはわかりやすく加速化するでしょう。ですから、むしろ私はトランプが大統領になったほうがいいと思っています。

トランプはバイデンやカマラ・ハリスと違って、民主主義を守るなどというイデオロギーをかざすことなく、労働者階級の仕事の確保と、自国中心主義を打ち出すので、短期的にはアメリカの政治は大きく変化します。ただし、民主党も中長期的には、結局トランプの目指した方向に向かうと思います。

とにかく日本にとっては、アメリカの自国中心主義から生じそうな問題を早く明らかにして、対処をしたほうがいいことはたしかです。

そうした対処を怠ることは、「健康診断は義務ではないから拒否することができる」と言って、いつまでも健康診断を受けない人が会社にいるのと同じです。問題が見えないままになっているよりも、トランプによる健康診断を受けて（政治的なスタンスの総合チェックを受けて）、病巣はさっさと切り取ったほうがいいということです。

日米関係を任侠団体にたとえてみると……

不適切な譬《たと》えとそしりを受けることを承知で、日本とアメリカの関係を広域暴力団の総本部

（本家）と二次団体（直参《じきさん》）の関係のアナロジーとして説明してみましょう。

アメリカ組という巨大な組では、今、縄張りが狭まってしのぎが厳しくなっています。その縄張りが狭まっているということで、直参である、特に日本組とドイツ組は、まだ集金力を使い果たしていないので、アメリカから〝負担〟の要求が増えています。負担とは、上納金の増加と本部当番や地回り（防衛協力の強化）のことです。

そうすると、頭の回転の速い直参組長だと、総本部（本家）が今一つ調子がよくないということに気づき、この後自分たちはどう生き残っていったらいいかを考えます。

しかし、頭の弱い直参組長だと、上納金は増えたけれども、総本部から大切にされるようになったので「本家の跡目は俺かな」などと能天気に考えてしまいます。

ですから、日本やドイツは、そこを間違わないようにしなければなりません。日本の場合、日米同盟は防衛上非常に重要ですが、「それはそれ、これはこれ」でアメリカの要求（軍事的な戦費の負担など）には是々非々で対応していかなくてはなりません。そうでないと、日本はアメリカの都合のよい財布になるだけです。

このように考えていくと、日本の論壇（大手メディア）の大多数は、ちょっと頭の弱い直参組長の考えと同じようなことを主張しているといえます。

それに対して、冷静に全体を見ているのは、むしろ政府官邸の中枢のほうです。その典型が、

自衛隊記念日観閲式に出席し、10式戦車に乗る岸田首相。（2021年11月／首相官邸ホームページより）

二〇二三年九月十九日の岸田首相の国連での一般演説です。

この演説において、民主主義という言葉は一度も出てきませんでした。民主主義という言葉を封印し、その価値観を強調せずに、日本の立場を語っていた。しかも、イデオロギーや価値観では、もはや現在の世界の問題は解決することができないという趣旨のことまで述べているのです。これは、言ってみれば価値観外交の否定です。そして明らかに、アメリカの力が弱くなっていることを見据えた上での発言だといえます。

アメリカの弱体化については、エマニュエル・トッドも『「帝国以後」と日本の選択』に収載されたインタビュー「米欧同盟から多極的連帯へ――ヨーロッパは『帝国以後』をどう読むか」で、「アメリカの貿易赤字は年間で五千億ドルにものぼります。

アメリカは一日あたり十五億ドルの外国からの資本流入を必要としているのです。このような国外への依存こそがアメリカが置かれていたバランスをおかしくしたのです。アメリカはもう独力でやっていくことはできません」と語っています。

意外と冷静な日本の独自外交の方向性

二〇二四年四月に、岸田首相は、日米首脳共同声明（「未来のためのグローバル・パートナー」）を出し、アメリカ連邦議会での演説を行いました。日本のメディアは連邦議会での岸田首相の演説は、しっかりと報道しています。この演説では、民主主義、価値観についてもしっかり述べており、価値観の連合をつくると言っています。

しかしこれはあくまでも日米の世論向けの発言です。国連一般演説とは違って、日米共同声明は合意文書であり、双方向性のものだからです。

国連一般演説は、ただ一方的に聴衆になんの縛りもなく語るだけなので、そのなかで民主主義という言葉は一度も使わずに、価値観を一度棚上げにしてでも平和のための融和をはかるべきではないかという趣旨のことを述べています。これは明らかに、勢力均衡的な考え方に立った、政治的リアリズムに基づく発言です。

これはウクライナ戦争への対処の仕方とも共通しているのですが、日本の政府はけっこう冷静な判断をしていますし、国民もそれを冷静に見ています。騒いでいるのは、メディアと専門

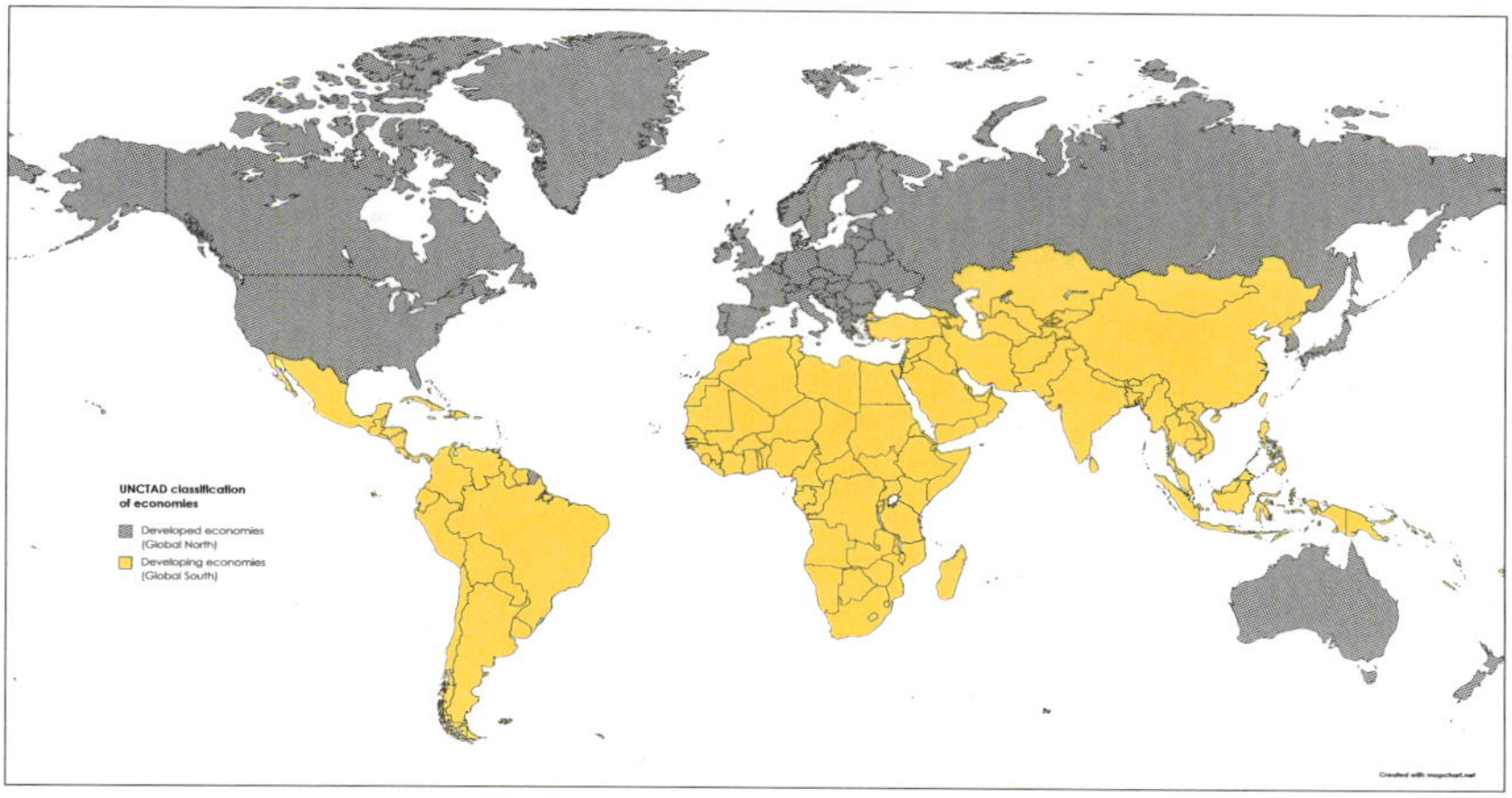

国連貿易開発会議（UNCTAD）による分類。グレー部分がグローバルノース（先進諸国）、黄色部分がグローバルサウス（発展途上諸国）。

外の知識人、いわゆる有識者だけなのです。

メディア業界の人間というのは、基本的に騒ぎ立てる側にいるのです。それがビジネスになるからです。そして、そのような騒ぎ立てるだけのメディアとは距離を置こうと私は思っています。なぜなら、それが短期的にビジネスにはなっても、不正確な話は作家としての中長期的な信用に繋がらないからです。いずれにせよ、大衆を煽るためにメディアが不正確なことを報道するのは、きわめて悪質な行為だと思います。

グローバルサウスの台頭から見えること

アメリカ組の縄張りが狭まっている（アメリカの弱体化）現在の世界で、それではどこが台頭してきているのでしょうか。それは**グローバルサウス**であるといえます。

この問題に早く気づいたのは、実はグローバルサウスの学生たちです。その証拠に、グロー

グローバルサウス　近年、国力をつけている、かつて発展途上国といわれた、おもに欧米より南に位置する国々のこと。アジア、アフリカ、中南米の諸国で、具体的にはインドやインドネシア、サウジアラビア、イラン、イラク、エジプト、南アフリカ、ブラジル、アルゼンチンといった国々。

バルサウスの国々では明らかに英語熱が薄れてきています。語学留学をする学生が減っているし、外資系企業よりも国内の安定した企業に就こうとしている。

この現象からは、「グローバルサウスの逆襲」という文脈が簡単に導き出されます。つまり、アメリカが主導してきたグローバリゼーションが機能しなくなってきたということです。それを学生たちは気づいているし、大学側も気づいているのです。

日本の学校でも英語で授業を行うというのが一昔前のトレンドでしたが、今やそういう授業はどんどん減ってきています。さらに、文科省も「グローバル化」とはあまり言わなくなってきました。このことは、アメリカが弱体化したことと繋がっています。弱体化したアメリカが他の国のために軍隊を動員することができるかといえば、もはやできないと考えるべきでしょう。そのことは、トランプが大統領になればはっきりと示されます。

トランプはアメリカの利益だけを考える

トランプが大統領になれば、アメリカの利益だけを考えるようになるので、安全保障の問題にしても、アメリカがこれからも日本を守ってくれるとは考えないほうがいいと思います。

たとえば、日米安全保障条約の問題点について、田原総一朗は著書『トランプ大統領で「戦後」は終わる』で、「この条約は日本がどこかの国から攻められたらアメリカが日本を守るが、アメリカがどこかの国から攻められても日本は守らないという片務条約」であると語っています。このような非対称的な条約に膨大な資金を費やすことを、トランプが認めるはずはありません。

つまりは、日本が自前の防衛力を強化しなければならない事態になり得る可能性も高くなるというわけです。田原氏はまた「もしも日本が自前の抑止力を持つとすれば、自民党の幹部たちが密かに考えているのは核兵器を持つことであろう」と述べ、さらに、「日本が〝普通の国〟になるべきだという意見が増えている。〝核兵器〟を持つとは、イギリスやフランスのように核兵器保有国になるという意味も含んでいる」と述べています。

こうした意見も、トランプが大統領になれば、北朝鮮の核問題とからんで、強く主張されるようになるでしょう。民主党のカマラが大統領になったとしても、最初は民主主義という理念が強調されるでしょうが、最終的にはアメリカの利益だけが重要になるのです。ですから、日本の防衛力増強は、今後必ず大きな国内問題となってくると思われます。

CHAPTER-3
2

台湾有事にアメリカはどう動くか?

狡猾なアングロ・サクソンの方法論

台湾有事は日本にとっても大きな問題ですが、アメリカにとっても決して小さな問題ではありません。

ジャーナリストの近藤伸二は『現代台湾クロニクル』の中で、「バイデン大統領が、中国が台湾を武力統一しようとした場合、米国は台湾防衛に関与すると明言した。二〇二二年五月二十三日に東京で開かれた日米首脳共同記者会見で述べたもので、ロシアによるウクライナ侵攻が進行するなかでの発言だけに、台湾では『米国が台湾政策を変更するのでは』との期待が高まっている」と書いています。

しかし、アメリカが台湾有事で直接的に中国と事を構えること、つまり戦闘をすることはないと私はみています。なぜアメリカが中国と戦争しないのかというと、アメリカはアメリカまで到達可能な核兵器を持っている国とは、核戦争のリスクを背負ってまで戦争することはあり得ないからです。

もちろんアメリカは、中国がこのままどんどん軍事的にも経済的にも強大化することを望ん

「中華民国国防部」のホームページ。台湾の最新国防情報、軍事練習の詳細から志願兵の募集まで、あらゆる情報を発信している。

ではいません。むしろ中国の力を弱らせたいと思っています。だから、他の国の力を使って、他の国の人々に血を流させて、アメリカの国益を守る方向に向かうはずです。

これは、十九世紀半ばにインドで起こったセポイの反乱で、イギリスが行った鎮圧方法をそのまま踏襲しているのです。帝国主義国としては正当な政策です。

この政策を批判することは簡単ですが、では、アメリカの帝国主義的な方針を否定する力が今の日本にあるのかといえば、まったくないという現実があります。

もしも台湾有事が起こったら？

だから、台湾海峡で有事があったら、アメリカは「武器と戦闘資金を送るから、台湾人よ、民主主義的な価値観のために大陸と戦え！」という態度をきっと取ることでしょう。

セポイの反乱　1857年から1859年まで続いた、イギリス支配に対するインド初の民族的大反乱。イギリスの設立した東インド会社の傭兵セポイが蜂起し、ムガル皇帝を擁立した。反乱は拡大したが、イギリス軍に鎮圧された。これによりイギリスはムガル皇帝を廃し、東インド会社を解散させ、インドを直接の統治下に置いた。

中国は核兵器を持っています。いつだって、ワシントン、ニューヨーク、シアトル、ロサンゼルスなどに向けて核ミサイルを発射できるわけです。だからこそ、北京がやられたり上海がやられたりして戦闘規模が拡大し、そのままアメリカ本土までを巻き込む核戦争にまでは発展しないような範囲内で戦闘が行われることを、アメリカは望んでいます。あくまでも、中国の弱体化が目的だからです。

この戦略は、今も続いているウクライナ戦争の状況とそっくりそのままだということがおわかりでしょうか。

結局、アメリカのやる支援の仕方ははっきりしています。台湾が勝つことがないようにして、台湾の人々を使って、アメリカ的価値観を守るために、大陸の中国人と戦わせるということです。つまり、きわめて狡猾な外交戦略を展開するはずなのです。

アングロ・サクソンというのは、そういう人たちです。歴史を見ればよくわかります。

先述のセポイの反乱では、セポイ兵を全滅させずに生き残らせ、二度とイギリスに立ち向かえないようにして、その兵士たちを、アロー号戦争（第二次アヘン戦争）で、中国人と戦わせたのです。この戦争で直接戦闘を行ったのはインド兵と中国兵だけで、イギリス兵はほとんど参戦していません。このへんの事情については、思想家の大川周明が『米英東亜侵略史』でくわしく書いています。

このように、アングロ・サクソンという民族はそういう人たちなのだということをよく理解

沖縄防衛局。沖縄の防衛行政全般の拠点として2007年に設立。中頭郡嘉手納町。（沖縄防衛局ホームページより）

した上で、私たちも日米同盟を考えていかなければなりません。

台湾有事で沖縄が戦場になる？

台湾有事で、もしも日中が戦うような事態になれば、前線は沖縄になるでしょう。

しかしながら、沖縄の主食用の米の生産量調は二〇二三年で一七五〇トンほどです。これくらいの量では、県民の約一週間分にしかなりません。食糧の備蓄もしないでおいて、何が有事だという話になってきます。

そして、沖縄県の食糧自給率は三三パーセントほど。それも、サトウキビの分が入っていますから――サトウキビを抜いた正確なデータを県は出していませんが――沖縄県議会で実情としての食糧自給率は八パーセントという数字が出たこともあります。

わずか八パーセントしか食糧自給率がない

場所で、長期間の戦闘は絶対に不可能です。つまり、台湾海峡で有事が起きたら、沖縄が飢餓に見舞われる可能性が高いのです。その対策を取るのであれば、すぐに大量の倉庫をつくって備蓄をはじめないとなりません。もしもほんとうに有事に備えるというならば、まずやるべきことは食糧の備蓄です。

ちなみに、私の母親は十四歳で沖縄戦に従事していましたが、飢えたことは一度もなかったと言っていました。それは、至るところに日本が食料を備蓄していたからです。備蓄からスタートしなければ、防衛戦は不可能なのです。

備蓄を現時点でしていないということは、致命的な問題です。国際政治学者の三牧聖子は、週刊金曜日・二〇二三年六月二日号に掲載された記事「厳しい言葉を交わしつつも対話で対立をコントロール」の中で、「中国と近接し、米軍基地を多く抱える沖縄は、かりに台湾で有事があれば、最初に巻き込まれる可能性が高い。県民の命を守るためには、無責任に中国の脅威を喧伝することなどできない」と書いています。台湾有事を声高に言う政府関係者は多いのですが、戦争のときには食糧が重要になるということをまるでわかっていないのです。先の沖縄戦から何も学んでいない。

第二次世界大戦末期、強大なアメリカ軍と沖縄戦を戦った旧日本陸軍の第三十二軍は、戦闘に備えて当時十分な食糧を備蓄していました。食料がなければ、いくら武器や兵力があって

第三十二軍●第二次世界大戦末期の1944年3月に沖縄で編成された、大日本帝国陸軍の部隊の一つ。連合国軍の上陸に備えたものだったが、翌年連合国軍が沖縄本島に上陸すると、当初は防衛戦を展開するも圧倒される。やがて総攻撃に転じたが、惨憺たる結果となり、大量の戦死者が出た。

も戦闘を長期間継続することができないからです。言ってみれば、今の日本政府の対応は第三十二軍以下ということです。もしも真面目に台湾有事の後に中国が沖縄に侵攻してくるケースを考えるのならば、せめて沖縄戦のときの第三十二軍くらいの準備はしろと言いたくなります。

もちろん本筋としては、中国、台湾、日本、アメリカという主要プレーヤーが互いに、公式・非公式を問わずに外交チャンネルを使って、譲歩し合うことです。そうした外交努力を何度も重ねたにもかかわらず、もしも台湾海峡有事が現実のものとなったら、日本は国力がないわけですから、分相応のところで引くしかありません。そのことをまずは頭に入れておく必要があります。

妙に威勢のいいことを言うワイドショーのコメンテーターは、台湾有事で沖縄の人たちがどんなひどい目に遭うかということを想像できていません。戦争になれば平和時には起きない悲惨なことや、残酷なこと、無慈悲なことが繰り返し起きます。戦場の現実に言及することなく、ただ単に「日本を守るためには戦わなければならない」と叫ぶだけでは、外交上の難題を解決することなどできるわけはないのです。

CHAPTER-3

3

日本が北朝鮮の脅威から身を守るには？

アメリカは日本を守ってはくれない

アメリカは、もし北朝鮮が日本に攻めてきたとしても、日本を守ることはないでしょう。先にも述べたように、中国との関係においては、中国はアメリカまで到達する核兵器を持っているので、中国の共産主義政権を壊すことなどできません。ですから、アメリカは貿易関税といった姑息な手段を使って、中国を弱めることを考えています。いつもそうですが、自分たちの血を流さずに目的を達成するやり方です。

北朝鮮による日本有事でもそれは同じで、核を持っている相手に対して米軍が直接行動を起こすことはまず考えられません。

ということは、武器とお金を日本に貸しつけて、あとで返してくれという（ウクライナと同じ構図の）ビジネスを行う方向でしょう。これは典型的なアングロ・サクソンの帝国主義的なやり方で、実に狡猾で効果的な方法です。

こうしたやり方に関しては、先述したように、大川周明が『米英東亜侵略史』の中でくわしく書いています。大川のこの本には、アロー号戦争に関する、「この戦争においてイギリス陸

（上）金正恩とドナルド・トランプ。2018年の米朝首脳会談、シンガポールにて。Photo by Dan Scavino Jr. Archived（下）北朝鮮の軍事パレードに登場した弾道ミサイル。（朝鮮中央放送より）

軍の主力は、実に一万の印度兵《インド》でありました。印度人は英人のためにその国を奪われた上、同じ亜細亜《アジア》の国々を征服する手先に使われて今日に及んでおります」という言葉があります。

恐ろしいことに、ウクライナ戦争でもこの構図がそのまま採用されているのです。

北朝鮮の核問題

北朝鮮については、トランプは簡単な安全保障の方程式を持っています。それは「脅威＝意思×能力」というものです。

北朝鮮は核兵器を持っている。ミサイルも持っている。しかし、それを除去するために戦争を起こすには莫大なコストがかかる。それならば、アメリカにとっての脅威をなくすには、意思を極小化すればいいということになる。簡単にいえば、友だちになればいいということです。

そこで、北朝鮮に対する宥和政策が出てくるのです。


実際、アメリカが強硬的な態度で北朝鮮との外交交渉に臨んでも、よい結果が得られたことはありませんでした。ブッシュ政権下の二〇〇二年に、ケリー国務次官が平壌で北朝鮮政府代表と会談しましたが、その会談でのケリー国務次官の言葉を、北朝鮮のスポークスマンは強く批判しました。

国際政治学者の島田洋一は『アメリカ・北朝鮮抗争史』で、スポークスマンによる声明は「平壌でのケリーの言動を、『一方的な要求を押しつけようとする』『高圧的で傲慢な態度』と非難した上、アメリカがこうした『強硬な敵視政策』を続ける以上、必要な対抗措置を講じざるをえないと結んでいる」と書いています。

実際にアメリカ本土が攻められないようにすることを担保するためには、ICBM（大陸間弾道ミサイル）だけは検証可能な形で北朝鮮が開発しないことにすればいいのです。表向きは「核兵器は絶対に許さない」「核兵器搭載の弾道ミサイルや巡航ミサイルは絶対に許さない」と言い続けても、現実的には、自分たちさえ核攻撃されなければいいわけです。

ジャーナリストの半田滋は二〇一八年に出版された『「北朝鮮の脅威」のカラクリ』で、すでに「北朝鮮問題を解決するには、これまで米国がとってきたような核開発を放棄した後、交渉のテーブルに着くとの条件を付けたままでは、話し合いはいつになっても始まらない」と述べ、さらに、「着地点はひとつしかない。核放棄を条件とすることなく、議論を開始するのだ」と述べています。

アメリカの外交政策は、核開発は認めるがICBMの開発は認めないというスタンスでいいでしょうが、日本はそういうわけにはいきません。今の北朝鮮の技術力でも、中距離弾道ミサイルも、巡航ミサイルも、日本までは飛んでくるからです。

では、どうすればいいのでしょうか？

アメリカは「これは日本人の問題だから、日本が考えろ」と言ってくるでしょう。しかし、よく考えれば、「自分のことは自分で解決する」というのは、安全保障の基本です。日米安全

ICBM●大陸間弾道ミサイル。戦略攻撃用の超長距離ミサイル。射程5,500キロメートル以上。命中精度も高く、核弾頭の搭載が可能。

保障条約があるので、一応、何かあったらアメリカが助けにやってくるということになってはいますが、実際に有事が起きてみないとどうなるかわかりません。

北朝鮮問題で、日本にとっての最大の安全保障の方法は何かといったら、北朝鮮との国交樹立です。国交を樹立すれば、相互に攻撃をしないということが平和条約の中に書かれるからです。平和条約には、相互不可侵と、武力行使しない旨が明記されます。

それは日本だけでなく、北朝鮮にとっても、日本の経済・技術援助ということを考えれば大きなメリットになるはずです。目指すべきは、国交樹立なのです。

現実的に難しいという意見もあるでしょうが、私は十分に可能なことだと考えています。

北朝鮮との平和条約の可能性はあるのか

しかし、日本が北朝鮮と国交を樹立し、相互平和条約を結ぶとしたら、どうしても「拉致問題」がネックになります。

たしかに、拉致問題が解決していない状況下で、かの国と友好条約を結ぶなどと考えるのはとんでもないことだという意見があります。そう考えるのはまったくもって正論でしょう。長い間、この問題で苦しんできた拉致被害者の家族の方々のことを思えば、そういう意見が出てきて当然です。

しかし、別の視点に立ってこの問題を見てみれば、拉致問題と友好条約の話し合いを並列で

拉致問題　1970年代から1980年代にかけて、北朝鮮が何人もの日本人を捕らえ、自由を奪って北朝鮮に連れ帰った問題。長年その事実を北朝鮮は否定していたが、2002年9月、金正日国防委員長は当時の小泉首相との会談で拉致を認め謝罪した。だが、日本に帰国できたのは5人だけで、残りの被害者の救出が課題になっている。

続けていくという方法もないわけではありません。拉致被害者の家族の方々には非常に心苦しいことになりますが、拉致問題をいったん脇において、国交樹立、平和条約締結交渉を行い、まずはその目的を達して北朝鮮と日本との友好を深めてから、その後に拉致問題の解決に取りかかるという選択肢もあるかもしれないということです。

この方法はかなりの遠回りであるように感じられる方も多いでしょうが、しかし、結局これが最も確実な外交手段なのではないでしょうか。要は、平和条約で友好関係を結ぶことによって、北朝鮮との間にあるさまざまな問題の解決を図るということです。

いずれにせよ、拉致問題を優先して考えるか、平和条約を先にするかは、国論が大きく分かれるであろうセンシティブな問題です。どちらを選択するかは、国民の民主的選挙によって選ばれた政治家が、総合的に日本の国益を考えて決断することです。

CHAPTER-3
4

後退戦を強いられる日本

アメリカのルール変更で日本は没落する？

もしトランプが大統領になれば、バイデンのようにウクライナに手を突っ込んだりはしないでしょう。また、中東でトランプは、イスラエルのネタニヤフ首相のことが好きか嫌いかは関係なしに、ハマスを叩き潰すことを実行しようとするでしょうが、他の中東問題には関与しないはずです。

ガザ地区のラファ攻略が時間の問題になっている今、軍事的にハマスの中立化を終えてしまえば、この地域に積極的に関与するイシュー（課題）がなくなります。そこでアメリカは引いていくと思います。このように見ていけば、トランプが大統領になれば、短期的には国際情勢は安定化していくように見えます。

ただ、これはあくまでも短期的な見通しです。なぜならば、この安定的な空白期間が生じたところで、必ず各国、各地域の力関係に即した線の引き直しが起きるからです。つまり、安定的な空白期間の状況は現実の力関係に則してはいないので、世界のさまざまな境界線やゲームのルールといったものが一度リセットされます。

そうなると、日本にとっては非常に危険な状況がやってくると考えられます。

田原総一朗は二〇一六年の『トランプ大統領で「戦後」は終わる』の中で、トランプは「NATOに対しても、防衛力の強化を求めるものと見られている。NATOに加盟する二十八か国のうち、防衛費がGDP比で二パーセントに達している国は五か国にすぎず、トランプはこの目標を達成していない加盟国に対して防衛予算の増額を求めて来るにちがいない」と述べ、さらに、「日本の軍事専門家の間でも、トランプは日本にも防衛力の強化を求めて来ると見る者が多い」と述べていますが、実際にそういう状況になるでしょう。

トランプ政権になったら、こうしたルール変更がまた起きます。そして、日本はそれに対処していく必要があります。


現在の東アジアの主要なプレーヤーは、日本、アメリカ、中国、ロシア、北朝鮮、韓国、台湾でしょう。二十年前と比較して違うところは、アメリカと日本を除くすべての国と地域の力が、日米とは異なり強くなっている点です。

こういう現実がありますから、新しい境界線は、日本にとって、正確にいえば、日米にとって不利なところで引かれる可能性がきわめて高いといえます。つまり日本としては「後退戦」に入ってくるのです。ですから、これからは後退戦に対処することができる政治家、それに加えて、国民の力量がますます必要になっていきます。

こうした状況は、たとえば会社のリストラとして考えるとわかりやすくなります。会社が弱り過ぎるともうリストラもできなくなります。リストラするからには、退職金は少なくとも出さないといけないし、そこに少し奨励金くらいはつけないといけません。もし、すでに退職金が払えないような状況で、二回目の不渡りを出して倒産が間近ならば、会社はリストラすらできない最悪の状態になっています。

こういう状態になる前に、日本はしっかりと後退戦をしないといけないのです。

日本の後退戦はすでにはじまっている

日本の後退戦は、実は、安倍政権時代からはじまっています。

二〇一八年十一月のシンガポールでの日ロ首脳会談における北海道新聞のインタビューで、安倍元首相は、歯舞群島と色丹島の日本への引き渡しを明記した日ソ共同宣言を交渉の基礎としたことについて、「一〇〇点を狙って〇点になるならば何の意味もない。到達点に至れる可能性のあるものを投げかける必要があった」と語りました。それは北方四島の返還ではなく、二島返還を軸とした交渉に転換したことを、事実上認めたということになります。

つまり、これはまさに後退戦ということです。

また、ユン・ソンニョル（尹錫悦）政権の誕生で韓国との関係が改善されたといわれていますが、竹島問題はいっこうに解決していません。中国との尖閣諸島問題もそうです。

日ソ共同宣言●日本と旧ソ連との間の戦争状態を終結させ、国交を回復するための共同宣言。1956年、鳩山内閣とソ連によって調印された。

尖閣諸島と竹島の位置

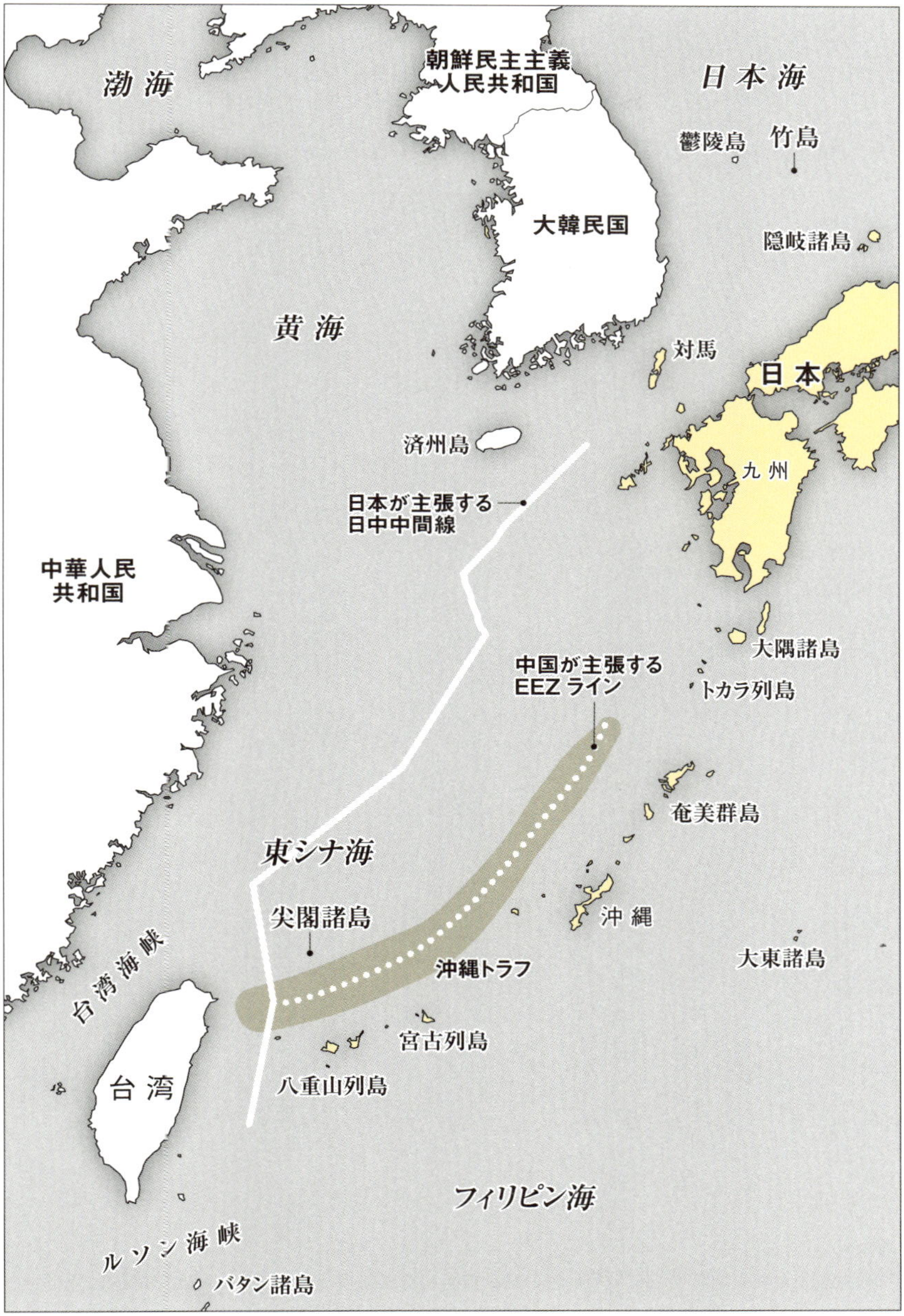
渤海
朝鮮民主主義
人民共和国
日本海
鬱陵島
竹島
大韓民国
隠岐諸島
黄海
対馬
日本
済州島
九州
日本が主張する
日中中間線
中華人民
共和国
大隅諸島
中国が主張する
EEZ ライン
トカラ列島
奄美群島
東シナ海
尖閣諸島
沖縄
台湾海峡
沖縄トラフ
大東諸島
宮古列島
八重山列島
台湾
フィリピン海
ルソン海峡
バタン諸島

二〇二四年五月八日付の朝日新聞デジタルは「尖閣諸島周辺の日本の排他的経済水域（EEZ）内に中国が設置したブイは、昨年二〇二三年七月の発見から約十カ月経っても放置されたままだ。日本は中国に即時撤去を要求しているが、中国側は周辺海域を自国のEEZと主張し応じていない。政府は自身の手による撤去は『法的グレーゾーン』（外務省幹部）だと頭を悩ませる」と報じています。

このブイは、二年前だったら除去していたと思われます。しかし、現在は中国を刺激するのが怖いから、また、日本と同盟国のアメリカが弱くなっていることがわかっているから、日本政府は除去できないのです。

国際法の専門家と称する人物が、テレビで「日本は中国のブイを断固除去しないと、日本が尖閣諸島を実効支配できているとはいえない」などと発言していますが、中国海軍の船が入ってきているのに、それを実際に止められていない。つまり、日本はすでに尖閣諸島を実効支配なんてできていないし、もはやそれを認めざるを得ないのです。この点でも、日本は完全に後退戦に入ってきているのです。

こうしたアジアにおける日本の地位低下の状況は、トランプが大統領になろうとなるまいと関係はありません。しかしカマラ・ハリスが大統領になると、その構図（日本の現在の状況）が見えにくくなってしまいます。トランプだとそれが見えやすくなる可能性が高いのです。なぜなら、トランプの方針は「俺たちは国内のことに忙しいからな」であって、基本的に東アジ

排他的経済水域●国連海洋法条約では、沿岸国は自国から200海里（370.4キロメートル）の範囲内に排他的経済水域を設定できる。しかし東シナ海において中国は、自国の大陸棚の突端は沖縄トラフでありEEZの境界も同じ位置にあると主張。日本は、日中両国からの中間線をEEZの境界とするのが妥当としている。

アの係争には介入しないからです。

岸田政権の思想のなさが日本を救う？

安倍元首相はアメリカによる戦後レジームの解体という大きな目標を掲げ、それを実現しようとしたことはたしかです。菅前首相は明確な価値観はなかったものの、新型コロナ対策では、諸外国では必須だったロックダウン（都市封鎖）に踏み切らなかったという功績を残しました。当初、強い反対があったものの、感染が広がりやすいバーやレストランなどの飲食施設に対する制限措置に重点を置き、経済活動の大半を継続させました。

しかし、二〇二四年七月現在、岸田首相には明確な思想や価値観は見当たりません。フランスの哲学者ロラン・バルトは『表徴の帝国』で、東京のことを「空虚な中心」を持つ都市と形容しましたが、まさにその言葉が岸田首相に対しても当てはまります。

岸田首相の興味があるものは実利的なことです。それも、自分の一族と選挙区と宏池会という狭い領域の利益を確保することです。

私は岸田首相のそうした姿勢を別項で「深海魚」のようだと評しました。利得へのこだわりはエネルギー政策に如実に現れています。価値観の違いを無視して、ロシアから今も天然ガスを、つまりエネルギーを買い続けているからです。さらに、サウジアラビアでも、カタールでも、ああいった民主主義とは縁もゆかりもないような国であっても、友好関係を結ぶのはエ

宏池会●自由民主党の派閥の一つ。1957年に池田勇人を中心に結成された。政治資金パーティ収入の裏金事件を受け、2024年1月に解散を決定。もともと保守本流の派閥であり、池田勇人以外にも大平正芳、鈴木善幸、宮澤喜一、岸田文雄といった総理大臣を輩出してきた。

ネルギーがほしいからです。

そうした節操のない実利主義は、内政にも関係しています。自民党の最大の支持母体の経団連に岸田政権を倒そうとする動きがまったくないのです。こんなに支持率が低く（約一六パーセント）、こんなに円安や物価高が起きているのに、岸田降ろしが活発に行われないのは、岸田政権がエネルギーをしっかりと確保しているからなのです。

岸田政権の奇跡的なエネルギー政策

エネルギーを確保している政権と経団連は絶対にぶつかりません。経団連とぶつからない政権は連合ともぶつかりません。この二つは運命共同体だからです。これこそ、岸田首相が深海魚と形容できるゆえんなのです。岸田首相の強みは、経団連という資本家を押さえているところにあります。

「ある時代の支配的な思想は、つねに支配階級の思想にすぎないのである」とマルクスとエンゲルスが『共産党宣言』で言っていますが、日本の現在の権力の実態がどこにあるかといえば、政治家でも官僚でもなく、資本家にあります。

資本家に支持される政権は続くのです。それを岸田首相は、意図的にやってないところがすごい。意図的にやっていることだったらぶれたりするはずですが、無意識にやっていることはぶれません。その意味で、無意識にやっていることのほうが強いのです。

彼が考えているのは、家族と選挙区と宏池会、この三つだけですが、なぜか結果的に非常に

経団連　1946年に設立された、各種経済団体の連合会。多くの企業からなる財界を指導し、各団体の連絡・調整を行い、重要経済問題に対しては政府・国会に具申する。

うまく行っている。政権が奇跡的に機能しているのです。

岸田首相が三つの利益しか考えていない例を挙げましょう。岸田首相はサハリンの天然ガスを大切にします。ちなみに、岸田首相の選挙区にある広島ガスは十年の長期契約で、天然ガスの使用量の約五〇パーセントをサハリンのガス田から買っています。つまり、広島ガスが供給する天然ガスの約半分はロシア産です。これが止まったら広島の住民生活も産業も崩壊してしまいます。

岸田首相は絶対死守するものが決まっています。そういう姿勢がすべてエネルギー外交になっているのです。つまり、自分の選挙区事情からスタートしている。逆説的になりますが、そのくらい目の前のことしか考えていないゆえに、それが偶然よい方向に作用しているのです。「自由で開かれたインド太平洋」などは建前で言っているだけで、岸田首相には確固とした価値観はなく、そのため価値観の対立も起きません。ですから、ロシアとも貿易を続けていますし、中東からも石油を輸入しているのです。

価値観重視でやっていると、短期的には保ちますが、中長期的には保ちません。逆に個別利益だけでやっていると、当人以外の誰もついてこなくなります。

だから普通は、個別利益と、それを包み隠す大義名分をつくって、連立方程式をつくっていくものですが、岸田政権はその連立方程式をつくらずに、個別利益だけを追求しているめずらしい政権です。

岸田首相が「利益の体系」を重視しているからこそ、奇跡的に日本のエネルギーは確保できており、国民もその便益を受けているのです。結果として、エネルギー面で国益に合致した政策を行っているのが岸田政権なのだといえます。

もしも、全エネルギー消費量のうちのロシアからの一〇パーセントのエネルギー供給を切ってしまったら、今年の夏の冷房の設定温度は、高騰した電気代のせいで三二℃くらいになってしまいます。そうなると、熱中症で数千人が死ぬことになりかねない事態を招きます。昔と違ってエアコンがないと生きていけない時代ですから、熱中症で高齢者の方が大勢亡くなるでしょう。

国家として最優先でやらなければならないことは、「国民の生命・身体・財産」を守ることです。だから、岸田政権がやっていることは正しいのです。ロシアから天然ガスを手に入れることは国民の生命に関わる事案だからです。

以上のことから、ロシアとは絶対に手を切ってはいけないことがわかります。国民はそこをわかっていますから、ロシアの天然ガスを絶対に買うなと主張する官邸前のデモなどは起きていませんし、そういう世論も起きていないのです。

また、日本たばこ（JT）の純益の四分の一は、ロシアによるものです。つまり、JTは戦争支援企業になっているのですが、「メビウスを買うのをやめよう」といったようなJTに対するボイコット運動も起きていません。このへんのことは、国民もよくわかっているのです。

「言挙げ」をしないという日本の強み

このように見ていけば、日本国民はある意味〝まとも〟なのです。国民も無意識にそういうことはわかっています。政権中枢と国民はまともですが、間に入っているメディアと一部の政治家と、それから自称有識者（あるいは知識人）が異常なのです（序章参照）。しかし、彼らは騒ぎ立てないと商売にならない人たちですから、仕方ありません。

私たちにとって重要なのは、リアリズムに立ち、物事を突き放して考えてみることです。メディアの報道に流されることなく、リアリズムの視点から自分たちの価値観と折り合いのつくところと、つかないところを見定めればいいのです。

最初から「民主主義は善」「日米同盟は信頼に足る」といった思い込みを持っていたら駄目なのです。いきなり高邁な理想ばかりを言っていても意味がありません。

私たちは世界の各地で、あるいは身近な場所で戦争が起ころうが起こるまいが、とにかく働いてご飯を食べて、屋根のある家に住んで家族を守り、生活していかなければなりません。それはウクライナ国民もロシア国民もイスラエル国民もパレスチナ人も同じです。この世界で生きていくにはリアリズムが大事なのです。

高邁な理想論は短期間しか続きません。それがリアリズムの世界です。日本という国のすごさは、極端な価値観・思想を世界に発することを行わないことです。神道でいう「言挙《ことあ》げ（言葉に出して論ずること）せず」ということです。このことが現在、外交的な大きな対立を他国（ロシアや中国、イスラエル、イスラム諸国など）との間で生まない要因になっているのです。

CHAPTER-3
5

日本の生き残りの鍵はインドネシアとミャンマー

人口動態から見る日本の新しいパートナーとは？

短期的には不動産バブルの崩壊で中国経済は痛手を受けますが、中長期的には中国の経済は盤石でしょう。しかし、その傘下に入った韓国の力は弱くなっていきます。アメリカの力はますます後退していき、ロシアは独自路線を歩むと予想されます。日本と関係の深い国々を見れば、そういう経済の構図になってゆくものと思われます。

ここで日本がなすべきことは、国としての活力を得る道を探すことです。このままでは日本はジリ貧状態になるだけです。では、その解決策はどこにあるのか？　それは、おそらく東南アジアにあると私は考えます。

人口動態から見ないとわからないことですが、今後、インドネシアが特に重要になってくるでしょう。インドネシアにマレーシアを加えてもいいのですが、この二カ国の人口動態について、エマニュエル・トッドは『帝国以後』で統計を用いて示しています。普通、女性が高等教育を受ける機会が増えると、人口増加率は基本的に減っていく傾向があります。それにともなって極端な少子化が起きますが、女性たちが高等教育を受けても、インドネシアとマレーシア

人口ボーナス　人口の中で、労働人口の比率が多い状態。一般に若者の人口を指し、これが増えることによって経済成長が促進されることから「ボーナス」という。

に関しては出生率が二・一以上で、それより下がっていません。人口減少は起こらず、逆に人口が増えていっているのです。

二カ国ともイスラム教の国です。この二カ国に加えてフィリピンの南部、ミンダナオなども人口が増えています。ですから、結局、女性に高等教育が普及している地域でも、結果から見て、イスラム教圏では人口減少が起きていないのです。

経済発展のためには、高等教育を女性が受けることが非常に大切です。加えて、それが人口減少につながらないということも重要です。その二つの条件を満たした国とパートナーを組むのは、日本にとって大きなメリットがあります。

このような条件を満たした国は、必ず「**人口ボーナス**」が起きます。人口ボーナスとは技術進歩などによる生産性上昇にともなって成長率が上昇することに加え、人口の増加によって労働力が上がり消費が増えて、成長率がさらに高まることです。この反対の現象を「**人口オーナス**」と呼びます。残念ながら、日本は人口オーナスの国です。

重要なのは、日本が人口ボーナスの起きている国と親密な関係を築くことです。そうすれば、衰退を上回る大きな恩恵を、貿易などで受ける可能性が高まります。

海洋国家としての外交戦略

日本と旧ソ連との関係が悪化したのは一九七〇年代後半以降で、ソ連が海軍力をつけて、ペトロパブロフスク・カムチャツキーに潜水艦を置くようになってからです。さらに、ウラジオ

人口オーナス　人口の中で、65歳以上の高齢者などの比率が多い状態。これが増えることにより、社会保障費がかさみ、経済成長が阻害される。

ストクにミンスクという航空母艦を置くようになって、それによって関係がさらに悪化し、両国に緊張関係が生じました。

国際政治学者・篠田英朗の『戦争の地政学』には、「シー・パワー群から見ると、現状変革を辞さず拡張主義を採る勢力を封じ込めることこそが、自国の利益である。そのためには、平時から自らが属するネットワークの普遍主義的立場を正当化し、維持しておくことが重要である。海洋の自由や自由貿易の原則を唱えるシー・パワー群は、さらに領土不可侵や武力行使の禁止の原則を唱えて、現状維持に資する国際秩序の維持に利益を見出すだろう」という記述があります。この記述は、海洋国家の国家戦略を端的に表しています。

ロシアが大陸国家であるかぎり、日本が海洋国家路線を追求している間は、外交的にはぶつかることはありませんでした。中国も同様です。中国も海洋国家化して、沿岸警備隊から本格的な海軍を展開し、航空母艦を持つようになってから日本と対立するようになりました。海洋国家は海洋国家と対立する——磁石のN極とN極が反発し合うようなものです。

中国が大陸国家化していけば、日本とは安定的な関係になるでしょう。また、ロシアと日本との関係は、地政学的、中長期的にこれからは安定していくと思われます。どうしてかというと、ロシアはますます現在の戦争（ウクライナ・ロシア戦争）で、海洋的な冒険を行う余裕がなくなってきているからです。そうすると、大陸国家と海洋国家という棲み分けが行われ、両国の関係は好転していきます。

シー・パワー群● ここでは、海洋国家の国々のこと。

資源大国のインドネシアと経済的関係を強化する

そして重視すべきインドネシアは、海洋国家です。日本と同じ海洋国家のインドネシアですが、地政学的論理を脇に置いてでも、今後、積極的に日本がつき合うべき国なのです。インドネシアはこの調子で人口が増えれば、現在の人口は二億四〇〇〇万人ですが、二〇五〇年には三億人を突破するとみられています。

インドネシアは天然ガスの産出国です。二〇二三年の前半までは天然ガスを輸出し、ＬＮＧの輸出プラントを持っていたのですが、同年の後半からＬＮＧ輸入国になっています。そして工業化が非常に進んだ結果、爆発的なエネルギー消費が起きているのです。さらに経済的な発展面を見ると、二〇二四年から首都の移転が開始されています。首都移転によってインフラを本格的に整備する必要が生じ、大規模な公共事業がしばらく続くのです。

こうしたことを見ていくと、この国が二十一世紀の工業化で、物づくり大国、資源大国に向かっていることがはっきりとわかります。

経営学者の鷲田祐一も『インドネシアはポスト・チャイナになるのか』で、「長期的に見てインドネシアが世界有数の経済大国になっていくことはおそらく疑念の余地がないだろう」と述べています。さらに、「日本とインドネシアは戦後の歴史のなかできわめて深い関係を育んできた。そのような関係を活かして、あるいはそのような関係自体を深化させるために、総合商社各社は早くからインドネシアに進出し、現地の資源開発やインフラ開発、工業化に資してきた歴史がある」という指摘がありますが、日本はインドネシアと長年良好な関係を築いてきており、この関係をベースにして、さらなる関係強化を目指すことが必要だと考えられます。

防衛装備品の輸出を目指すべき

現在インドネシアは、アメリカの兵器が高額過ぎるという理由でなかなか買えない状況です。加えて、アメリカは人権問題についてインドネシアにいろいろと注文をつけてきます。インドネシアの人権基準はアメリカの人権基準を満たしていないからです。ですから、兵器や防衛装備品に関して、インドネシアにアメリカの製品はあまり入ってきません。その隙に急速に進出してきているのが中国です。

防衛装備品は値段があってないようなものです。防衛装備品の販売方法は、レーザープリンターの売り方に似ています。ブラザーやキヤノンのカラーレーザープリンターは、本体が四万五千円くらいですが、その値段で利益を出すことは絶対に無理です。

では、どのようにして利益を得ているのでしょうか。それはトナーの売上です。簡単にいうと、粉で儲けているのです。ブラザーの白黒のレーザープリンターは一万二千円くらいですが、トナーは六千円以上もします。もちろん、メーカーの純正品以外にグレーゾーンの安価な代替トナーはあります。しかし、代替品を使うと、しばしばプリンターが詰まったり、色ずれを起こしたりします。

防衛装備品は、まさにこれと同じ方法で利益を上げているのです。つまり、メンテナンスで儲けている。現状のまま放っておいたならば、インドネシアの防衛装備品関連の利益は全部中国のものになってしまい、メンテナンスを握られて、中国製品しか使えなくなります。国防分野で製品の選択肢がなくなれば、インドネシアだけでなく、マレーシアや東南アジアの国々も、その製造国である中国の言いなりになることが危惧されているのです。

少し前の日本経済新聞に、防衛装備品の移転三原則が掲載されています。

「装備品を輸出する際には①紛争当事国への移転などを禁止②国際協力や日本の安保に資する③目的外使用や第三国への移転は事前に日本の同意が必要――との三原則を設けた。特に慎重な検討が必要な「重要案件」は国家安全保障会議（ＮＳＣ）の閣僚会合を開いて判断する」(日本経済新聞・二〇二四年三月十六日付)。

ここで日本がすべきことは、インドネシアに販路を見出し、メンテナンス・ビジネスを行うことです。日本がトナーを供給し続けるようなビジネスをすればいいわけです。万が一、インドネシアが日本と敵対的な関係になっても、防衛装備品の体系や高速鉄道のインフラが日本製になっていれば、メンテナンスを止めることが最大の安全保障になります。

もちろん、先述した通り、インドネシアとは親密なビジネスパートナーになることが最重要目標です。そして、二十一世紀後半以降、日本にとって最大の追加的脅威にもなり得る国がインドネシアだということは認識しておく必要があります。

インドネシアと敵対しないことは、これからの日本の国家戦略として非常に重要になってきます。岸田首相は就任直後にベトナムとインドネシアを訪問しましたが、それはインドネシアに将来的な戦略パートナーとしての価値を見出している証左であるといえます。

ミャンマーとの関係を改善する必要性

あと一カ国、未来を見据えたアジア外交で日本にとって重要な国があります。それはミャンマーです。日本はミャンマー政権との関係改善が必要です。

太平洋戦争中の日本のインパール作戦の目的は、援蒋《えんしょう》ルート（一九三八年、日中戦争の開戦後に連合国側が建設し、インドからビルマを経由し、中国国境の山岳地帯を越えて蒋介石の国民党軍の本拠地である重慶まで軍事・援助物資を送り届けたルート）の遮断でした。英領インドから重慶に行く途中にあるビルマ（現ミャンマー）を制圧し、中国をインド洋に出られなくするという戦略です。

これは地政学的にきわめて重要で、現在のミャンマーの問題にも適用できます。中国と対立するアメリカは、ミャンマーと友好的な関係を保ち、長らく援蒋ルートを断ち切ることに成功していました。しかし、バイデン政権はミャンマーの軍事独裁政権を強く批判し、人権外交を押し進めたのです。バイデン政権は人権外交のシンボルとして「民主主義サミット」を開き、ミャンマーはこれに猛反発します。

結果、米中両国の天秤外交を保っていたミャンマーは、極端な中国寄りの立場を取るように

インパール作戦●第二次世界大戦のビルマ戦線で、1944年3月から7月まで実行された作戦。大日本帝国陸軍がイギリス領インドの都市インパールの攻略を目指したが、結果的に大敗し3万人以上の死傷者を出したことから「史上最悪の作戦」ともいわれた。

なり、それによって援蒋ルートが生き返ってしまいました。現在、中国はミャンマーを通ってインド洋に出られる状態なのです。

日本がミャンマーの軍事政権との関係を断たないでいるのは、太平洋戦争時のインパール作戦の記憶があるからです。ミャンマーとの関係を維持することは、インパール作戦を成功させることにつながるのです。中国と戦うより、ミャンマーを味方につけ、ミャンマーの了承なくして中国がインド洋に出られなくすることが重要です。

現在、バイデン政権の失政で援蒋ルートは復活している状態ですが、日本がミャンマーの軍事政権と断絶しないことは、とりあえず国益に適った判断といえるでしょう。

このように、対中国ということを考えた場合、ミャンマーとの関係は非常に大事なのです。もちろんベトナムも海洋問題で中国と対峙しているので重要なのですが、ミャンマーは日本にとってそれ以上に重要な国なのです。

現在のミャンマーは、軍事政権が人権弾圧を続けているため、世界中の国が積極的につき合おうとしていません。しかしだからこそ、今がチャンスともいえます。しかも、日本はこれまでミャンマーに対して莫大な投資をしてきており、先方は親日国家でもあります。このことも、日本がミャンマーと国益に適う関係を続けていける理由でもあります。

考えてみれば、ミャンマーのような軍事政権と日本は相性がいいのです。それは自国の価値観を押しつけることを日本がしないからです。そういう意味で、他の東南アジアの国でも、日本には経済、安全保障の両面で多くのチャンスがあるのです。

CHAPTER-3
6

日本の核武装化は可能なのか?

日本の核武装に対する議論と意見

日本の核武装という問題は、かなり前から議論されてきました。たとえば、アメリカの研究者ウィリアム・H・オーバーホルトが編集した『アジアの核武装──その可能性と現実』を読むと、一九七〇年代にも、日本の核武装についての意見が述べられていたことがよくわかります。最近では、アメリカの国務長官だったキッシンジャーが二〇二三年に「この国は五年で核大国になる準備をしている」という発言をしたことでも話題になりました。

この問題は、日本とアメリカだけで話題になっているものではありません。たとえば、エマニュエル・トッドは『第三次世界大戦はもう始まっている』で、「中国や北朝鮮にアメリカ本土を攻撃できる能力があれば、アメリカが自国の核を使って日本を守ることは絶対にあり得ません。自国で核を保有するのか、しないのか。それ以外に選択肢はない」と述べています。

トッドのこの発言を肯定するにしろ否定するにしろ、今や日本が安全保障という側面で岐路に立たされていることはたしかです。

日本は安全保障の面で岐路に立たされている。Photo by e-crow / iStock

核武装はやるなら極秘に進めなければならない

アメリカが認めないにもかかわらず、日本が独自に核兵器の開発を行うということはまず考えにくいでしょうが、アメリカの許可を得て核兵器を開発することは可能ではないかという意見は存在しています。しかし、私はその可能性はないと考えています。

アメリカが絶対に核を日本に持たせたくないからです。日本はかつてアメリカと戦争をした国ですから、持たせるはずがないのです。何十年経とうと、アングロ・サクソンという民族は、戦争で敵対した記憶を絶対に忘れないのです。

核武装実現の最大の障害は原発です。アメリカが日本に原発を持たせるということには、二つの意味があります。一つは原子力エネルギーによって日本を、アメリカのウランに依存させるということ。二つ目は核武装させないということです。

これに加えて、日本には核武装を困難にする現実的な問題があります。それは、この国の人々は秘密を守れないという点です。いったん核武装を行うと決めると、世界中から圧力がかけられます。たとえば、他国で日本製品のボイコットが必ず起きます。そして反日感情が高まり、あからさまな反日運動も多発するでしょう。だから、核兵器はある日突然でき上がっていないといけないものなのです。

核兵器開発は、もしやるなら極秘にやらなければいけません。ですから、どこの国も極秘裏にやっています。韓国が一時期、朴正煕時代に極秘裏に核兵器開発を行い、アメリカに締め上げられたことがありましたが、このように、同盟国にも絶対に知らせずに開発しなければならないものなのです。今日、核武装計画を立てたら、翌日、それが新聞に出ている日本のような国では、核兵器開発はできないのです。

それから、**核シェアリング**（共有化）という考え方があります。この点に関して、トッドは前掲書の中で、「いま日本では『核シェアリング』が議論されていると聞いています。しかし、『核共有』という概念は完全にナンセンスです」と述べ、さらに、「『核の傘』も幻想です。使用すれば自国も核攻撃を受けるリスクのある核兵器は、原理的に他国のためには使えないからです」とも述べています。

核シェアリング● 核の共有化。同盟国のなかで核兵器を共有すること。それを示すことで核の傘をつくることができ、防衛につながるという構想に基づくもの。

また、現在議論されている核の共有化とは、これまではアメリカがボタンを押せば核弾頭ミサイルが飛んだわけですが、今度は、日本もボタンを押さないといけないということです。要は、ボタンを二つ押さないと核弾頭ミサイルは飛びません。もちろん日本だけがボタンを押しても核弾頭ミサイルは飛ばないのですが、ただ、アメリカが飛ばそうとした場合の拒否権を、日本が持てるようになる可能性はあります。これが核の共有化の実態なのです。

有事のときでも日本に核兵器は持ち込めない

日本には非核三原則がしっかりと存在しています。

日本安全保障戦略研究所編の『日本人のための「核」大事典』にも、「衆議院本会議は、昭和四十六（一九七一）年十一月二十四日に沖縄返還協定の可決に際して、核兵器を『持たず、作らず、持ち込ませず』の非核三原則を内容とする『非核兵器ならびに沖縄米軍基地縮小に関する決議』を採択した。その後、非核三原則は、核兵器に関する日本の基本政策とされ、政府や国会は同原則を繰り返し確認してきた」と書かれています。

ただ、私はこの非核三原則には意味がないと考えています。なぜなら、アメリカは、アメリカの艦船が核兵器を搭載しているか否かについてはいっさい発言しません。核兵器を持ち込んでいてもノーコメントですし、持ち込んでいなくてもノーコメントなのです。日本が立てている論理は、アメリカとの信頼関係は絶大なので、持ち込むときはアメリカが事前に通告しないことはあり得ないという前提に立っています。ですから、非核三原則は実際には意味をなさな

非核三原則●核兵器を持たず、つくらず、持ち込ませずの3点を明言した日本の国是。1968年の佐藤栄作内閣時に定められ、佐藤はこれによりノーベル平和賞を日本人ではじめて受賞した。

いものだと考えられるのです。

このような状況ですので、一部の人は非核三原則を改めて二原則にするべきだと主張しています。そうすれば、有事のときに核兵器を日本に持ち込めることになる。これはきわめて重要なことです。

日本が核武装するには構造的に無理がある

勇ましく「日本を核武装化すべし」と唱える言論人がいます。しかし、それは現実的ではありません。核武装化にはハードルが多過ぎるからです。

まず、核実験をどこでやるかという問題があります。辺野古基地の移設でさえあれだけもめているのに、どこの都道府県が核実験場の建設を受け入れてくれるでしょうか。海中でも実験はできません。海中で実験をすると、部分的核実験停止条約に違反します。日本がこの条約に加盟している以上、実験はできません。

もちろんこの条約から離脱すれば、核実験はできるようになりますが、北朝鮮と同じ仲間ということになってしまいます。北朝鮮はこの条約の非加盟国で、核実験を何度も行っています。そしてご存じのように、世界中から厳しいバッシングを受けています。

また、フランスやイギリスの場合を見てみましょう。実は両国には核ミサイルの地上基地がありません。フランスもイギリスも、核ミサイルは原潜にしか積んでいないのです。なぜかといえば簡単な話で、原爆三発くらいで両国は失くなってしまうからです。地上に基地を置いたら狙われるだけですから、地上に基地はつくれないのです。

アメリカのように、ネバダ砂漠やアリゾナ州のような広大な無人地域があったり、ロシアのように広大なシベリアがあるなど、国土が広くないと、地上に核基地は置けないのです。そうすると、潜水艦への搭載しかなくなります。しかし、原子力潜水艦の技術はどの国も提供してはくれませんから、日本で自力開発するしかありません。それには十年ほどの時間と莫大な資金が必要になる。つまりは、ハードルが多過ぎるのです。

現時点では、日本が原潜を開発するという動きすらありません。なぜなら、原潜を建造するとなれば、そうりゅう型の潜水艦をつくった意味がなくなるからです。原潜とほぼ同じ性能で、一年中、水中に潜っていられるそうりゅう型の潜水艦を三菱重工と川崎重工でつくっている状況で、それをお払い箱にしてまで原潜をつくるメリットがないのです。

結局、日本の核兵器開発はがんじがらめの状況になっており、日本は核武装できないようになっているというのが現状です。

核兵器開発の問題はメディアのテーマにはよく上がりますが、少し論証していけば、このようにすぐに詰まってしまい、最終的には「それを気合でやるんだ！」という話で終わりになってしまいます。当然ながら、核兵器開発は気合でできるようなものではありません。

それから、重要なポイントを忘れてはいけません。日本は神風特別攻撃隊をつくった国です。

民族の性質は、八十年や百年そこらでは変わりません。そんな国に核兵器を持たせたら何をやるかわからないとアメリカは考えています。アングロ・サクソンの国はそういう考えの下で、絶対にドイツと日本には核兵器を持たせないのです。

つまり、根本的には信用していないのです。国家という存在は本来そういうものです。そうでなければ、とっくに世界連邦はできており、世界に平和がやってきているはずです。

結局、日本に核武装は必要ないとともに、政治的・物理的にもできないのです。そもそも日米原子力協定があるので、核武装をした瞬間に、あるいは核武装の意図を表明した瞬間に、日本の原発のウランは全部アメリカに回収されてしまうでしょう。その瞬間に、日本は多くのエネルギーを失い、現在の生活が維持できなくなってしまうのです。

日米原子力協定●アメリカから日本への核燃料の調達、再処理、資機材と技術の導入などについて取り決めた条約。1988年7月に発効。正式名称は「原子力の平和的利用に関する協力のための日本国政府とアメリカ合衆国政府との間の協定」。

第4章

戦争と平和——日本の国防と未来

イスラエルとハマスやヒズボラとの対立、
あるいはロシアとウクライナの紛争が端緒となって、
第三次世界大戦が勃発することが
懸念されている。
現在の平和を守るために
私たちはどうすればいいのだろうか？

CHAPTER-4
1

自由・平等・平和をめぐる寓話

あるドラマに示された〝洗脳のはじまり〟

皆さんは、昔タモリの『世にも奇妙な物語』で放送された賀来千香子主演のドラマ「23分間の奇跡」を観たことがあるでしょうか。これは、イギリス出身の作家ジェームズ・クラベルが書いた「The Children's Story…」という短編小説（日本版の翻訳は青島幸男！）が原作のドラマです。ジェームズ・クラベルといえば、二〇二四年にアメリカで配信されて大人気となっている、真田広之主演の『ＳＨＯＧＵＮ』の原作を書いた人として有名です。

観たことがない方も多いでしょうから、この「23分間の奇跡」のあらすじを説明しておきましょう。

物語は、とある学校のとある教室ではじまります。朝九時ちょうどに薄緑色の上品なスーツに身を包んだ賀来千香子演じる新人女性教師（原作でもドラマでも名前は明示されていない）がやってきます。

どうやら何か大きな権力が、それまで教師だった人々をその地位から解任して、賀来千香子のような新しい教師を赴任させたのだということが暗示されています。

(上)1982年にアメリカのテレビで放映された『子どもたちの物語（The Children's Story…)』。主演は原作者の娘ミケイラ・ロスだった。(下左)日本語版の『23分間の奇跡』集英社文庫。(下右)ジェームズ・クラベル。

賀来演ずる新人女性教師は、子どもたちに「アメージング・グレース」を聴かせたあと、さっそく子どもたちの心をつかみにかかります。目についた生徒たちの「好きなこと」や「家庭の事情」などを完璧に記憶していることを披露すると、生徒たちは教師に感心した様子を見せます。なぜなら、それまでの先生たちは、生徒の名前すら忘れることがあったからでした。

しかし、女性教師に感心する生徒たちのなかに、一人だけ猜疑《さいぎ》の目を向けている生徒がいます。俊之くん（原作ではジョニー）です。彼は、新人女性教師が教室に入ってきてからというもの、しじゅう彼女のことを疑いの目でにらみつけるようにしていました。

女性教師が、子どもたちの個人情報を完璧に記憶していることで彼らを懐柔しようとしても、俊之くんだけは簡単にはほだされません。

新人女性教師は、にこやかな態度をいっさい崩さず、また、子どもたちに対して何の強制もせずに、彼らの心を少しずつ侵蝕していきます。

教室の黒板の横には、「自由、平等、平和」と墨書された紙が額縁に入れられて飾られています。新人教師は、その紙を指して「ここに、自由、平等、平和って書いてあるけど、この意味ってわかるかな？」と子どもたちに問いかけます。

子どもたちは、何も答えることができません。すると新人教師は「意味がわからない言葉を掲げているなんてねえ、これまでの先生も意味をちゃんとみんなに教えてあげればよかったのに……」と残念そうに言うのです。

こうして、「自由、平等、平和」という言葉がそこに書かれてあることが、特に意味のないことだという印象を植えつけることに成功するのです。

歪曲された自由と平等の概念

続けて教師は「今日は先生、みんなに制服を持ってきました。みんなこの同じ服を着ましょうね。これが平等っていうことよね」と言うと、俊之くんはその発言に猛反発します。「そんな服、絶対着たくない！」と言い、周りの男子生徒にも、「お前もあんな服着たくないだろ？」と同意を求めますが、その男子生徒は「僕はみんなと同じがいい。あれが着たい」と答えるのです。

俊之くんは激怒しますが、すかさず教師は「みんなが着たいものを着るのが、この『自由』っていう概念なのじゃない？」と、みんなと同じものが着たいと答えた男子生徒の発言を尊重することこそが、自由を尊重するということだという論理のすり替えを行うのです。

俊之くんは、みんなと同じ服を着ることが真の平等だとは思えないし、みんなと同じ服を着たいという個人の意思を尊重して、それを全員に適用することが真の自由だとも思えないから、教師に「そんなのはおかしい！」と食ってかかります。

ところがそのころには、すでに他の生徒たちは教師の説明に丸め込まれてしまって、「着たいものを着るのが自由。自分たちは先生が薦めている制服が着たいんだから、それでいいじゃないか」と俊之くんに反論し、俊之くんは孤立無援の状態になってしまいます。

俊之くんは新人女性教師に向かって、自分の思いをぶちまけます。彼は新聞の切れ端を握りしめていて、そこには日本でクーデターが起きたことが書かれていました。そして、そのクーデターのあとで、俊之くんのお父さんは、おそらく政府の誰かに「連れ去られてしまった」のだと言います。

すると、教師は「クーデターが起きたという新聞記事は間違いだったということで、翌日すべてが訂正されたよね」と優しく諭しつつ、俊之くんのお父さんは「悪いことをしたんじゃなくて、間違ったことをしたのよ。授業で誰かが間違えると、学校でそれを直してもらうことがあるよね。俊之くんのお父さんも間違えたことをしてしまったから、一時的に大人の学校に行っているだけで、いずれ帰ってくるから安心してね」となだめるのです。

要するに、独裁政権が思想統制のために俊之くんのお父さんを拉致して矯正していることが暗示されているのですが、こんなふうに諭されると、反論できなくなってしまいます。

その後、教師は子どもたちに「天の神様、お菓子を下さい」ってお願いしてみましょうと持ちかけます。「そうやってお願いしたら、天の神様が何かを私たちにくれるかもしれないから」と。

子どもたちは教師の言う通りに、天の神様にお菓子をくれるようお祈りをしますが、当然ながら何も出てきません。

すると、今度は教師が「神様じゃなくて、指導者様にお願いしたらどうかしら」と提案し、子どもたちに目をつぶらせて「指導者様、私たちにお菓子を下さい」とお願いをさせます。その間、教師は厳重に包装されたお菓子を、急いで目をつぶってお祈りをしている子どもたちの机に置いていくのです。

そうして、目を開かせると、「指導者様」からのお菓子が机のうえに置かれていることに気づくという仕掛けでしたが、俊之くんが立ち上がって猛然と食ってかかります。「僕はお祈りをしている間、薄目を開けて見ていたんだ。先生が、お菓子を僕たちの机に配っていたんだよ！　これはインチキだ！」とまくしたてるのです。

それを聞いた教師は、俊之くんを否定せず、「その通り、このお菓子は先生が配ったの。俊之くんは今、とってもいいことを教えてくれましたね。神様とか人に頼るんじゃなくて、欲しいものは自分の力でしか手に入らないということですよね」と言うのです。これによって、俊之くんの糾弾は無意味なものとなったばかりか、教師のした不正が、子どもたちのためにした意味のある不正にすり替わってしまいます。

そして、その後、クラス委員を選ぼうという話になると、教師は「先生の言うことを鵜呑《うの》みにしないで、意見をきちんと言える子がリーダーになるべきだと思います。みんなもそう思わない？」と言って、先生に最も強い不信感を抱いている俊之くんをリーダーにするべきだと主張するのです。

きわめてもろい基盤の上にある「自由・平等・平和」

こうして教師を疑っていること自体を評価され、責任ある立場に就かされた俊之くんは、教師に懐柔されることになります。その後は、「平等、自由、平和」と書かれた額縁入りの紙について、教師は「こんなもの、ここにかけてあっても意味があるのかな？　なくなってもこの概念がなくなるわけではないし……」と、子どもたちに問いかけ、窓から放り投げて捨ててしまおうという結論に持っていきます。

その役目を仰せつかるのは、学級のリーダーになった俊之くん。彼は一瞬躊躇しますが、ほんとうにその額縁を窓の外に放り投げてしまいます（原作の小説では、国旗を窓から投げ出す）。それを横目で見ていた教師が腕時計を一瞥すると、九時二十三分。

つまり、たったの二十三分間で、彼女は子どもたちを洗脳し、「自由・平等・平和」という言葉を自らの手で捨てさせることに成功したのでした。

この寓話が私たちに伝えているのは、どんなメッセージでしょうか。

それは、民主主義の理念である自由・平等・平和という概念は、きわめて危ういバランスの上に成り立っているということでしょう。

中国や北朝鮮の人たちからすれば、この教室で起きているようなことは日常的に起き得るものとして実感されているかもしれませんが、私たち日本人はどうでしょうか。日本でも、この

寓話　アレゴリー。教訓的な内容を、ほかの事柄にかこつけて表したたとえ話。イソップ童話のように、動植物などの擬人化によって表すものも多い。

教室で起きたようなことは、もしかしたら「緩やかに」起きているのかもしれません。

たった二十三分で、本書の同シリーズ『民主主義の危機』で分析した「自由」と「平等」の概念がたくみな洗脳により簡単に捨て去られ、さらに本書で強調されるべき「平和」の概念までが放棄されてしまったこと。しかも、女性教師は暴力も脅迫も使っていない……。

このドラマあるいは原作は、自由、平等、平和がいかにもろい基盤の上に成り立っているかを示しています。と同時に、いとも簡単に人間のイデオロギーが上書きされる怖さも描いています。この寓話の持つ意味を、私たちは一度じっくりと考えてみるべきではないでしょうか。

CHAPTER-4
2

相互主義がギリギリの平和を保つ？

アメリカの弱体化が世界のパワーバランスを変えた

イランは二〇二四年四月十四日に、同年四月一日に起きたシリアの首都ダマスカスにあるイラン大使館領事部へのイスラエル軍の爆撃への報復として、ドローンとミサイルにより、イスラエル領への直接攻撃を実施しました。

イラン政府は報復攻撃した当日に、国営放送のニュースサイトPars Todayに「植民地主義政権イスラエルに対するイランのミサイル・無人機作戦が持つ12のメッセージ」と題する論評を掲載しました。そこでは、イランがイスラエルを攻撃した理由を説明していますが、その理由の表題は以下のようなものでした。

1「イランの誠実さ」、2「正当防衛の原則」、3「国家の安全に対するイランの真剣な意志」、4「作戦で示されたイランの能力は氷山の一角」、5「アイアンドームの嘘」、6「イスラエルの侵略継続に対する警告」、7「アメリカへの警告」、8「地域安全保障における隣国どうしの協力の重要性」、9「作戦に対する国民の支持」、10「地域・世界でも認められたイランの攻撃の合法性」、11「世界の手本となるイランの正当な防衛政策設定」、12「正確でコーラン的なイランの世界観」（Pars Today）

これを読むと、イランの意図がよくわかります。それは「やられたらやり返す」という相互主義の原則に基づき、あくまで軍事目標主義の枠内で攻撃を行うということです。これがイランの意思表示です。しかも、全面戦争に発展するつもりはないということがきちんと暗示されている。たしかにこの攻撃は、相手方にあまり被害が出ないようにとても抑制されたものでした。イランはイスラエルに攻撃を開始すると同時に、イスラエルに報復攻撃を行ったと発表しました。ドローンはスピードが遅いですから、イスラエルに達するまで三時間はかかります。つまり、届く前に打ち落としてくれというメッセージなわけです。

実は、今回の事態を招いた要因はイスラエルにはありません。アメリカの衰退にあるのです。この点に関しては、エマニュエル・トッドも『「帝国以後」と日本の選択』で、「確かにテレビ、情報メディアもアメリカが支配していますから、アメリカが超大国のようなイメージが流されていますけれども、アメリカは単に金融の上で世界に依存しているだけでなく、もはや世界の周辺になってしまった。つまり金融的に世界に依存し、そして世界の片隅、周辺に位置している、もはや世界の中心ではない」という発言を行っています。

また、『第三次世界大戦はもう始まっている』でトッドは「世界の人口と経済活動の主要部

相互主義●おもに国家間で、相手国にも同等の待遇を与えようとする考え方。他国を攻撃した場合に、その相手国が反撃することを想定して行動するという考え方。

分は、ユーラシアに存在しており、アメリカ国民の生活水準を維持するために不可欠な商品とカネは、ユーラシアから流入する仕組みになっている」とも述べています。つまり、アメリカは自国だけではその力を維持することができない状況にあって、その弱体化は明確であることを、トッドのこの言葉は鋭く指摘しているのです。

これまでイスラエルの後ろには、強いアメリカがいたので、イラン国内でイスラエルのテロ行為が行われても報復することができませんでした。実際、イスラエルの工作員によってイランの核物理学者が何人も殺されています。それでも、イランはアメリカの存在を恐れて対抗措置を取れませんでした。

しかし、アメリカが弱くなってきたために、「やられたらやり返す」という相互主義に基づく行動ができるようになったのです。それが今回の攻撃であり、世界のパワーバランスの大きな変化を意味しているのです。

北朝鮮の汚物風船も相互主義に基づく報復

相互主義で「やられたらやり返す」というのは、全面戦争を避けるということの意思表示です。いわば、一種のプロレス的な「やらせ」です。このことと関係して、最近面白いと思ったニュースに、北朝鮮が韓国に汚物を送ってきたというものがありました。あれもまた、相互主義の現れなのです。

二〇二四年六月九日の朝日新聞デジタル版には、「韓国軍の合同参謀本部は9日、北朝鮮が韓国に向け、8日から9日午前10時にかけて『汚物風船』を約330個飛ばしたことを確認したと発表した。韓国の脱北者団体が6日に再び、風船を北朝鮮に向けて飛ばしたことに対抗したとみられる。風船をめぐる南北の応酬が続いている」と伝え、さらには、「韓国軍の合同参謀本部によると、これまでにソウルなどに約80個の風船が落下した。風船にぶら下げられた中身は紙くずやビニールなどで、有害な物質は確認されなかった」と述べた記事が掲載されていました。

また、二〇二四年六月十日のCNNは、「韓国の活動家がKポップや韓国ドラマのUSBメモリを北朝鮮へ飛ばしたことに対する対抗措置」として、北朝鮮がごみをぶら下げた風船を韓国へ向けて飛ばしたと報じています。また、金正恩総書記の妹の金与正は、その前日、もし韓国が「心理戦争」を続けた場合、さらなる対応に出ると予告していました。

北朝鮮からすると、韓国が北朝鮮に送った韓流ドラマのDVDや一ドル札などは汚物と同じです。はっきりと金与正はそう言っています。つまり、この北朝鮮の行為は「我々の表現の自由を阻害しないでほしい」という、与正のユーモアたっぷりのメッセージなのです。

相互主義で平和をギリギリ保つ

このように、世界のあちらこちらで、相互主義に基づく行為が起きています。このことは、一国支配の世界ではなく、多極化した本来の世界に戻っていることを意味しています。全体のルールをつくっている巨大国家があって、そこのルールに全員が従っているということではなくて、やられたらやり返すという原理が働いているのです。

今までは、巨大国家アメリカがあって、アメリカにはやり返せなかっただけではなく、アメリカが後ろ盾になっているイスラエルに対しても同様にやり返せなかった。ところが今は、アメリカが弱体化したので、やられたらやり返すという相互主義が機能するようになったのです。

今回の韓国と北朝鮮のやりとりも同じです。今までは、韓国の後ろに強いアメリカがいるので、風船に大量の汚物をつけて送りつけるなどということはできませんでした。北朝鮮側のほうが、そうした行為を自粛していたのです。ところが今回は、ゴミや汚物をたっぷり詰め込んだものを風船につけて送りつけてきた。

北朝鮮から風船で送られてきた生ゴミは、化学兵器か生物兵器の可能性があるので、韓国側としてはそれをいちいち調べなければなりません。もしかしたら百個に一個くらいは危険な物が混入しているかもしれず、毎回こまかくチェックしなければならないのです。

この作業に、韓国が完全に参ってしまったわけです。そうしたら金与正は「これは表現の自由なので、韓国の皆さんの知る権利に貢献しているんです」と言い、すごいユーモアセンスを発揮した。これは「目には目を、歯には歯を」の思考形式に基づく、みごとな相互主義の応酬の仕方です。

昔みたいに、相手のやり方に頭にきて突然大砲を撃ってくるなどという野蛮なことはせずに、相互主義でギリギリの平和を保っているわけです。このように相互主義でいけば、平和裏に、やられた分だけやり返すというゲームのようになっていきます。裏を返せば、今回の北朝鮮の報復は「韓国が風船を飛ばさなければ、我々もやりませんよ」という相互主義に基づくメッセージになっている。

これは世界のルールの大変化です。それは中東のイスラエルとイラン、東アジアの北朝鮮と韓国のみで適用されているものではなく、世界のスタンダードになりつつあります。

相互主義においては、国家間のゲームの真意をしっかりと理解しなければなりません。「北朝鮮はなんでこんな変なことをするんだ。わけがわからない」と思うのではなく、向こうには向こうのメッセージがあって、やっていることには意味があるのだということをちゃんと理解しなければいけません。それはやはり、本格的な紛争を起こさないための重要な手段です。だから、実はイランも北朝鮮も、平和の原理で動いているのです。

みんな、本格的な戦争だけは避けたい。そういう願望が根底にあるので、暗黙のルールのもとで互いにジャブを打ち合っている。一定のルールの枠組み内で、お互いがプロレスのように手を傷つけすぎないようにやり合っているのです。そうした論理構造を読み解くには、先ほど紹介したイランの公式メッセージのような、**オープンソース・インテリジェンス**を駆使する必要があるということです。

オープンソース・インテリジェンス●情報の収集手法の一つ。公に利用可能な公開されている情報を収集、評価、分析することで得られる情報。セキュリティ調査やマーケット分析など幅広い分野で利用されている情報収集手法を指す。OSINTと略す。

CHAPTER-4
3

無責任体質の国民は戦争に弱い？

国防力＝意思×能力

今の日本の外交方針や国防方針で最も間違っていると思われる点は、「受動的過ぎる」ということです。日本はある程度の国力があるにもかかわらず、「台湾海峡有事になったらどうしよう」とか「北朝鮮がミサイル撃ってきたらどうしたらいいのか」と、相手の出方に一喜一憂しています。

このような考えは、国際関係上、自分たちが何の影響も与えられない弱小国の発想です。日本の場合は、台湾海峡有事を起こさないために、私たちには何ができるのかという論証的組み立てを行うことが可能です。もちろん、北朝鮮からミサイルが飛んでこないようにするためには何ができるかという論証的組み立ても可能です。

だから、まず何がいちばん重要なのかということを自律的に考えなければなりません。それは、国家としての「能動性を取り戻す」ことを意味します。

いつまでも受動的だと、外交問題、国防問題は一歩も進みません。「脅威＝意思×能力」と私は日ごろから主張していますが、国防力もまた「意思×能力」なのです。

どんなに装備品がよくても、防衛意識が低ければ、国防力はゼロになってしまいます。それに加えて、篠田英朗が『戦争の地政学』でカール・ハウスホーファーの理論を引いて「民族国家は、生きる実体であるとすれば、自らが生きる土地を獲得し、維持しようとする。もし複数の民族間に競合関係が生まれるとすれば、強い民族が君臨することになるのが自然の常である。ただし単一民族が世界全体を支配するような状態は、自然の摂理に反し、地政学的な洞察からは導き出されない。そのため各広域圏の盟主の民族は、お互いの生活圏を尊重すべきである。もしその相互尊重が円滑に行われるのであれば、国際情勢は安定し、破滅は避けられる」とまとめている点も重要です。

自分たちの国が置かれている地域間でのパワーバランスを正しく理解していれば、さまざまな問題があったとしても、平和裏に解決することができるのです。

日本の民主主義の問題点とは

民主主義の問題点として、選挙で選ばれた議員（政治のプロ）に政治を丸投げして、国民の責任感が希薄になることが挙げられます。だから、思考形態がどうしても受動的になってしまう。議会制民主主義というのは、政治家に国家運営を委託し責任を人に預けてしまう制度ですから、多くの国民に責任感がなくなるのです。

ヨーゼフ・シュンペーターは議会制民主主義における有権者について、『資本主義、社会主

カール・ハウスホーファー●ドイツ地政学の祖（1869～1946）。ミュンヘン大学教授。ナチス副総統ルドルフ・ヘスは教え子で、ヒトラーとも面識があった。レーベンスラウム（生存圏）理論など今日の地政学につながる概念を提唱、ナチスの戦略にも影響を与えたといわれる。戦後に服毒自殺。主著『太平洋地政学』。

義、民主主義』（Ⅱ）で、「直接責任があるという理由で自発的に動かない限り、いくら完璧で正確な情報が山ほどあっても、無知は免れ得ないということだ」と述べ、さらに、「普通の市民は政治の領域に入った途端に思考能力が低下する。（…）原始的な思考回路に逆戻りし、連想で情緒的に物事を判断する」と語っています。

民主主義がこういったシステムであるにもかかわらず、国民に政治に関心を持てというのは、ある意味、非常に矛盾した考え方です。「政治は人に任せろ」という制度の中で、どうして政治に関心を持てといえるのでしょうか。なにしろ政治に責任を持つことなく、欲望を追求することで税金を納めることが理想的とされる制度なのですから。

そもそも、資格試験を通過した専門家（官僚）と、選挙という民意で選ばれた専門家（政治家）で国政を担うという仕組みがある以上は、選挙民が無責任体質になるのは当然のことなのです。

究極的には、市民社会において各人が責任を負わないといけないのは、自分の家族の生活と仕事だけです。欲望の追求に関しては責任を持たなければいけないけれども、政治に関して責任を持たなくともよいという組み立てになっている。だからこそ、日本のような無責任体質の国は、戦争のような日常を破壊する緊急事態には弱いのです。

しかしそれはまた、日本が平和であることの証明でもあります。日本の基本スタンスは、政治のプロである政治家と官僚が外交などを通じて戦争に巻き込まれないようにすることですから、平和時には、彼らに任せていれば問題はありません。むしろ、民衆が中途半端な知識人に扇動されて戦争へと向かう危険のほうが、よほど高いと思います。

投票率が高いと怖いことになる

これは本書と同シリーズの『民主主義の危機』でも詳述していますが、日本では投票率が低いことが問題視されています。たしかに、日本の投票率は下がっています、二〇二二年五月三十日の読売新聞には、参議院選の低投票率に関する記事があります。

そこには、「2019年は48・8％で、過去最低だった1995年（44・52％）以来、24年ぶりに50％を割り、同年に次ぐ低さを記録しました。投票を棄権した理由を複数回答で尋ねた公益財団法人『明るい選挙推進協会』の調査では、『選挙にあまり関心がなかったから』が、2016年に続いて最多（30・9％）でした」という記述があります。

逆に投票率が高い国には、秘密投票が担保されていないということが多々あります。つまり、投票に行かないと怖いから、みんな投票に行くわけです。北朝鮮などの独裁主義国家といわれる国の投票率を見てください。一〇〇パーセントです。ですが、この国はまったく民主主義的ではありません。投票率が高いということは、このように政治的に恐ろしい側面もある。逆にいえば、棄権する自由があるということは非常に大事なことなのです。

社会学者の大澤真幸や東大准教授の斎藤幸平が、エリカ・チェノウェスが『市民的抵抗――

非暴力が社会を変える』で語っていることに基づいて、人口の三・五パーセントが平和裏に政権に対して抗議運動を行えば体制が変わると主張しています。しかし、それは論理が逆転しているのではないかと私は思います。

体制が崩壊しているから、三・五パーセントの人が抗議運動のために街頭に出てこられるのです。正常な警察機能と軍隊機能があるならば、それだけ多くの人が街頭で抗議運動をすることは不可能です。

たとえば、日本で人口の三・五パーセントといえば約四四〇万人です。四四〇万人もの人が街頭に出てくるような状況は、かなり異常な事態です。たしかに、今までにそうした状況があって、世の中が変わった例は存在してはいます。ジョージアのバラ革命、ウクライナのユーロマイダン革命、あるいは、フィリピンのマルコス大統領の失脚時などがそうですが、こうした事態はすべて国家の体制が崩壊しているから起こったものです。

ですから、投票率が低くても、正常に選挙が行われているならば、それは民主主義の危機ではなく、ある意味、先進国においては当然の結果なのです。

民主主義が正常に機能しているから、投票に対する棄権率が高くなるのです。選挙に行かない自由という当然の権利が選挙民にはあるのですから。

教育によって共同体を守る意志が生まれる

先ほど述べたように、防衛力は「意思×能力」で表され、どんなに装備品がよかったとしても、それを用いる兵士に自分の国を守ろうという意思がまったくなかったら、防衛力がゼロであるのと同じです。

では、そういう国防意識を持たせるためにはどうしたらいいのかと考えるのは、当然のことではないでしょうか。

そうするためには、総合的な意味での教育が問題になります。教育面で、自分たちの共同体を守ることがいかに重要であるかを教えていくことが大切です。もちろん、それは自国を守るための最低限の国防意識を国民に醸成させるためであり、いたずらに他国を侵略するためではありません。そして、戦闘行為は最低限度に押さえ、基本は話し合い、つまり外交で解決することを旨とします。

そこで、社会的関係性を強化し、社会を強くすると国家も強くなるのだという意識を国民に強く持ってもらうことが重要になるのです。

だからそういう意味では、アトム的な、一人ひとりの競争で勝ったものが総取りするような社会、常にみんなを競わせるというやり方が用いられる社会をやめないといけません。それから、家族的な価値の復興も非常に重要です。なぜなら、人間は群れをつくる動物だからです。群れをつくるから争いも起こるのですが、それは仕方がないことです。そういう戦闘的エネルギーはオリンピックやワールドカップなどのスポーツで昇華させて、バランスをとっていくしかありません。

もう一つ補足的につけ加えておかなければならない点があります。それは国家を守るという意識を過剰に植え付けようとするイデオロギーには警戒が必要だということです。

大正から昭和初期の京都大学に存在していた思想家グループ「京都学派」の中心人物の一人であった田辺元は、太平洋戦争の直前に『歴史的現実』という本を書いています。この本の中で田辺は、国家のために死ぬことこそが何よりも重要であることを強調し、その言葉を信じた多くの若者が戦場に向かい、命を失いました。

それにもかかわらず、自分は外国の大使館関係者が住んでいたために空襲がなかった軽井沢に疎開し、終戦後も生き続けます。そして、戦後、『懺悔道としての哲学』という本を書いて『歴史的現実』で述べたことを全否定し、自分は間違っていたと平然と述べます。

では、彼が戦前に主張した言葉を信じて、戦場に赴き、戦死していった若者は何のために死んだのでしょうか。田辺の間違った主張を無批判に信じたために命を落としたのでしょうか。若者たちの死はデマゴーグにだまされた無駄死にだったのでしょうか。

彼の言葉を信じて死んでいった若者の行動は、取り返しのつかないものです。このように、田辺のような人物が説く愛国教育には十分に警戒しなければなりません。もちろん、基本的には自国を愛することは否定できないし、それが必要になる場合もあります。ですから、過剰な愛国主義に傾かないようにバランスをとる教育が必要とされるのです。

上下とも、昭和18年の学徒出陣の様子。かつての日本でも多くの若者たちが「お国のために死ぬ」という覚悟で戦場に旅立った。

CHAPTER-4
5

平和がなければ人権もない！

人権問題が議論されはじめたのは比較的最近

アングロ・サクソン的民主主義、あるいは西側的民主主義の中核の一つとして、「人権の尊重」というテーマがあります。そもそも人権を語るには、人権の理念が生まれた経緯について知らなければなりません。

この点に関して歴史学者ピーター・N・スターンズは、「何らかの普遍的人権が存在するという考え方は、宗教的規範を含む古くからの文化の発展の上に構築されたものであるが、一八世紀後半に初めて、はっきりと姿を現し始めた」（『人権の世界史』）と述べています。人権という問題が真剣に議論されはじめたのは、それほど古いことではないのです。

では、人権とは何でしょうか。序章で述べたように、人権の前提として神権があったことを、まず知っておく必要があります。西洋世界においては、最初に神の持っている権利があり、それが地上に降りてきて人権になったのです。神のいない国（一神教でない国を含む）の人権とは、前提条件がそもそも違うのです。

一神教　唯一神を信じる宗教のこと。ユダヤ教、キリスト教、イスラム教は、それぞれ呼称は異なるが同じ神（唯一神）を崇めている一神教。それに対して、日本やインドは多神教の国といえる。

ヒラリー・プール編の『ハンドブック　世界の人権』には、「ユダヤ・キリスト教の哲学は、（…）人権論の発展に対して重要な先例を提供している。神の威信はいかなる世俗の権威よりも高次であるという確信などもそうである」とあります。ここでは、神から与えられた権利であるからこそ人権は尊い、という考えが示されています。最初に神権があり、そこから人権が導き出されたというのはきわめて重要なポイントです。

ちなみに二〇一〇年に起きた「アラブの春」では、人権が神権から降りてくるという発想はまったくありませんでした。イスラム教を信仰するアラブ諸国では、今でも神権がすべてであって、人権という概念が希薄だからです。そのため、いくら民主的な選挙を行っても、反民主的な政権ができてしまうのです。

日本における人権問題の特異性

日本における人権思想を考えるには、その誕生の経緯を考えなければなりません。この国においては、人権は「恩恵的」なものなのだという点を理解しておく必要があります。端的にいえば、人権が一般市民によって勝ち取られたものではなく、与えられたものであったことが問題なのです。

日本の人権は、大日本帝国憲法が欽定憲法であったことから生じた概念です。このことは戦後もまったく変わってはいません。なぜなら、現在の日本国憲法は、欽定憲法が改定されたものとしてできているからです。

欽定憲法　君主の命令によって制定された憲法。戦前の日本の大日本帝国憲法は、君主である天皇によって制定されたという点で、その代表といえる。

憲法学者の宮沢俊義は、日本国憲法成立の説明理論として発表した「八月革命説」（一九四六年）の中で、一九四五年八月のポツダム宣言受諾により主権の所在が天皇から国民へ移行したと解し、これを法的な意味での革命（八月革命）と捉え、日本国憲法は国民が制定した憲法である、と説明していますが、私はこの理論に疑念を抱いています。

実態と形式は一致するはずですから、明治憲法と新憲法にはやはり連続性があり、日本の人権は、天皇から与えられた恩恵的な人権だといえるからです。

ちなみに、沖縄だけは違います。日本国憲法の施行の外に置かれたからです。沖縄は復帰という形で人権を勝ち取ったわけです。ですから、沖縄とそれ以外の日本の中では、人権感覚が違います。

人権についていえば、信仰の告白を強要されないというのが、表現の自由のいちばんの根本にあります。たとえば近年、統一教会問題などで、内心の自由を踏みにじり、無理に信仰の有無を告白させるメディアなどの対応は、完全な人権無視の行為です。また選挙の出口調査で、なぜ有権者があんなにも簡単に支持政党を答えるのかも私には疑問です。

こういう点から見ても、日本の人権意識は欧米人の目には非常に特異なものに映るはずです。　神権思想が、ガリレオやコペルニクスらの革命によって、天にいる神というものが維持できなくなり、人権に転換したのだという、その根っこの部分が日本にはありません。日本の人権は、天皇の力が八方に延びていって、天皇から与えられた恩恵的なものなので、それは感謝すべきものなのだということになっているのです。

これは、北朝鮮の人権思想と非常に似ているといえます。東アジアの精神性みたいなものかもしれません。精神性であるがゆえに、文化的制約となって逃れられないのです。

人権の時代から国権の時代へ

ここで「戦争と有事」というこの本の大きなテーマに立ち戻ってみたいと思います。

紛争というものは人権に反しています。なぜ紛争が起きるのかというと、人権より国権が強くなるからです。国権は、人権の思想とは正反対にあります。

歴史的に見ると、国権と人権のどちらかが重視される時代があり、それは循環しています。たとえば日本の戦前でも、ずっと国権が重視されていたかというと、そうではありません。自由民権運動のときは人権が重要でした。大正デモクラシーでも人権は重要でした。しかし、日露戦争が始まると国権が重視され、満州事変からは国権がすべてという風潮になっていきました。戦後は、朝鮮戦争くらいまでは人権が叫ばれ、いわゆる冷戦時代は国権が優先される逆コースがありました。このように、国権と人権の力関係は両者の間を揺れ動くのです。

これは世界的に見てもそうです。冷戦が終わってから人権のオンパレードの時代になり、今回のウクライナ戦争で、決定的に人権よりも国権という時代に入っていきました。

この循環性は、ヒュームが『宗教の自然史』の中で展開している振り子理論を使って、あるいはイブン＝ハルドゥーンの『歴史序説』のオアシスの定住民と遊牧民の権力交代みたいな形で説明可能だと思います。

進歩ではなく、実は循環しているだけで、交代なのだという理論で説明できるのです。こういう形で、人権と国権とを見ていくと面白いと思います。いいとか悪いとかいうことではなく、歴史的に不可避的な事象なのです。

今は国権のほうがトレンドで、そうなるとたんにキナ臭くなってきます。国家の庇護の下にいる（国権のもとに守られている）と安心できますが、一方で、アメリカのように人権を叫ぶことでイデオロギー戦争が起きたりもします。人権を叫び過ぎるのも、国権を叫び過ぎるのも、どちらもさまざまな問題を生み出すのです。

人権と国権のバランスを、うまく舵取《かじと》りする必要があります。

人権を守るために戦争を回避する

ウクライナ戦争が起こってから二年が経っていますが、日本はなんとかこの戦争に巻き込まれずに、乗り越えられています。パレスチナでのイスラエルとハマスとの争いにも巻き込まれていません。

パレスチナやイスラエルに対して、人道ということも日本はあまり言っていません。これはテロとの戦いだと言って、それっきり政府は静かにしています。

こういう態度を取っているので、日本は両者から恨まれていないのです。それで結果的に外交上は非常にうまくいっている。遠いところの話にはあんまりコミットしないで、静観の姿勢を取っているわけです。

日本にとってより重要なのは、東アジアの平和です。民主主義や人権や自由という問題は、必ずしも平和につながるものではありません。民主主義、人権、自由というものを優先しすぎると、戦争になる可能性が高くなることもあります。

平和というものを第一義にして、人権や価値観などの違いをいったん棚上げし、話し合いを行うことが重要なのです。戦争が起きていれば、停戦の合意に導いていくべきです。戦争になったら人権が制限される（国権が優先される）し、民主的な選挙もできなくなる。その上、自由もなくなってしまえば、情報統制もされて表現の自由も制限されます。

このように考えていくと、いちばんに守らないといけないのは平和です。平和があってこそ、人権が守られるのです。きわめてリアリズム的な言説ですが、私たちはこのことを決して忘れてはいけないのです。

引用・参考文献・ウェブサイト一覧

序章

◉PROLOGUE-1

『大衆の反逆』オルテガ・イ・ガセット　神吉敬三訳　ちくま学芸文庫

『ひとはなぜ戦争をするのか』A・アインシュタイン、S・フロイト　浅見昇吾訳　講談社学術文庫

『晩期資本主義における正当化の諸問題』J・ハーバーマス　細谷貞雄訳　岩波書店

◉PROLOGUE-2

『ひとはなぜ戦争をするのか』A・アインシュタイン、S・フロイト　浅見昇吾訳　講談社学術文庫

『民主主義と資本主義の危機』マーティン・ウルフ　小川敏子訳　日本経済新聞出版

『戦争論』（上中下）クラウゼヴィッツ　篠田英雄訳　岩波文庫

『戦争の罪を問う』カール・ヤスパース　橋本文夫訳　平凡社ライブラリー

◉PROLOGUE-3

『独裁』カール・シュミット　田中浩、原田武雄訳　未来社

『論・想・談』高畠素之　人文会出版部

『政治的なものの概念』カール・シュミット　田中浩・原田武雄訳　未来社

『現代のヒューマニズム』務台理作　岩波新書

『ヒューマニズム考』渡辺一夫　講談社文芸文庫

◉PROLOGUE-4

『序　アメリカニズム以降——『親米』VS『反米』の終焉』E・トッド　石崎晴己訳（『「帝国以後」と日本の選択』藤原書店・所収）

『第三次世界大戦はもう始まっている』エマニュエル・トッド　大野舞訳　文春新書

https://www.globalnote.jp/post-1409.html（世界の名目GDP）

『GDP〈小さくて大きな数字〉の歴史』ダイアン・コイル　高橋璃子訳　みすず書房

『GDPとは何か』武野秀樹　中央経済社

『我々はどこから来て、今どこにいるのか』（上）エマニュエル・トッド　堀茂樹訳　文藝春秋社

『第三次世界大戦はもう始まっている』エマニュエル・トッド　大野舞訳　文春新書

◉PROLOGUE-5

『ジャスミンの残り香』田原牧　集英社

『アラブ革命の展望を考える』ジルベール・アシュカル　寺本勉・湯川順夫訳　拓殖書房新社

『現代人権事典』ウィンストン・E・ラングリー　竹澤千恵子監訳　明石書店

『キリスト教の本質』（上）フォイエルバッハ　岩波書店

第1章

◉CHAPTER 1-1

『戦争の地政学』篠田英明　講談社現代新書

『第三次世界大戦はもう始まっている』エマニュエル・トッド　大野舞訳　文春新書

読売新聞・二〇二二年三月二十一日付

『ウクライナの国家建設の挫折』松里公孝（黛秋津編『講義　ウクライナの歴史』山川出版社・所収）

◉CHAPTER 1-2

『ウクライナの国家建設の挫折』松里公孝（黛秋津編『講義　ウクライナの歴史』山川出版社・所収）

『ウクライナ戦争はどのようにして起こったか』南塚信吾（『軍事力で平和は守れるのか』岩波書店・所収）

『ファシズムとロシア』マルレーヌ・ラリュエル　浜由樹子訳　東京堂出版

◉CHAPTER 1-3

『第三次世界大戦はもう始まっている』エマニュエル・トッド　大野舞訳　文春新書

『ドストエフスキー　黒い言葉』亀井郁夫　集英社新書

◉CHAPTER 1-4

『世界最強の地政学』奥山真司　文春新書

◉CHAPTER 1-5

『プーチン、自らを語る』N・ゲヴォルクヤン、N・チマコワ、A・コレスニコフ　高橋則明訳　扶桑社

『プーチン政権の闇』（増補版）林克明　高文研

『大統領プーチンと現代ロシア政治』永綱憲悟　東洋書店・ユーラシア・ブックレット

『プーチンの世界』フィオナ・ヒル、クリフォード・G・ガディ　濱野大道・千葉敏生訳　新潮社

『新訂　徒然草』吉田兼好　西尾実・安良岡康作校注　岩波文庫

◉CHAPTER 1-6

『国民の僕』（第一～第三シーズン）クヴァルタール95スタジオ

『魂の叫び　ゼレンスキー大統領100の言葉』岡部芳彦監修　宝島社

『ゼレンスキーの素顔』セルヒー・ルデンコ　安藤清香訳　PHP研究所

『戦争から戦争へ』エドガール・モラン　杉村昌昭訳　人文書院

『ウクライナの国家建設の挫折』松里公孝（黛秋津編『講義　ウクライナの歴史』山川出版社・所収）

『第三次世界大戦はもう始まっている』エマニュエル・トッド　大野舞訳　文春新書

第2章

◉CHAPTER 2-1

『図説ユダヤ人の2000年　歴史篇』E・R・カステーヨ、U・M・カポーン　市川裕監修　那岐一尭訳　同朋舎出版

『アラビアのロレンス』デビット・リーン監督　コロンビア映画

『イスラエル』臼杵陽　岩波新書

『マルクス主義と民族問題』スターリン（『スターリン全集』第二巻　スターリン全集刊行会・所収）

『パレスチナ』エリアス・サンバー　飯塚正人監修　福田ゆき他訳　創元社・知の再発見双書

◉CHAPTER 2-2

『ユダヤ人の歴史』（下）ポール・ジョンソン　石田友雄監修　阿川尚之他訳　徳間書店

『パレスチナ——動乱の100年』エリアス・サンバー　飯塚正人監修　福田ゆき他訳　創元社・知の再発見双書

『ユダヤ人』J・P・サルトル　安堂信也訳　岩波新書

『ホロコースト』芝健介　中公新書

『イスラエル』臼杵陽　岩波新書

日本経済新聞・二〇二三年十月八日付

◉CHAPTER 2-3

『ガザ通信』サイード・アブデルワーヘド　岡真理他訳　青土社

『「和平合意」とパレスチナ』土井敏邦　朝日選書

『世界史の中のパレスチナ問題』臼杵陽　講談社現代新書

『死を生きながら』デイヴィッド・グロスマン　二木麻里訳　みすず書房

◉CHAPTER 2-4

『21世紀のイスラム過激派』ジェイソン・バーク　木村一浩訳　白水社

『シーア派とスンニ派』池内恵　新潮選書
『戦争の地政学』篠田英朗　講談社現代新書
毎日新聞・二〇二四年四月十五日付
Pars Today 日本語版・二〇二四年五月二十日
朝日新聞デジタル・二〇二四年五月二十一日付

◉CHAPTER 2-5
『完全対訳　トランプ・ヒラリー・クルーズ・サンダース演説集』西森マリー著・訳　星海社新書
『プロテスタンティズムの倫理と資本主義の精神』マックス・ヴェーバー　大塚久雄訳　岩波文庫
『ブルシット・ジョブ　クソどうでもいい仕事の理論』デヴィッド・グレーバー　酒井隆史他訳　岩波書店
『神の国アメリカの論理』上坂昇　明石書店
『ユダヤ人陰謀説』デヴィッド・グッドマン、宮澤正典　藤本和子訳　講談社
『近代日本の植民地主義とジェンタイル・シオニズム』役重善洋　インパクト出版会

第3章

◉CHAPTER 3-1
『トランプ報道のフェイクとファクト』立岩陽一郎　かもがわ出版
「第78回国連総会における岸田総理大臣による一般討論演説」（外務省ホームページ）
https://www.mofa.go.jp/mofaj/fp/unp_a/page4_006001.html
「米欧同盟から多極的連帯へ――ヨーロッパは『帝国以降』をどう読むか」エマニュエル・トッド（『「帝国以後」と日本の選択』藤原書店・所収）
「米国連邦議会上下両院合同会議における岸田内閣総理大臣演説」（首相官邸ホームページ）
https://www.kantei.go.jp/jp/101_kishida/statement/2024/0411enzetsu.html
『トランプ大統領で「戦後」は終わる』田原総一朗　角川新書

◉CHAPTER 3-2
『現代台湾クロニクル　2014-2023』近藤伸二　白水社
『米英東亜侵略史』大川周明　土曜社（初版：第一書房）
「厳しい言葉を交わしつつも対話で対立をコントロール」三牧聖子（『週刊金曜日』二〇二三年六月二日号）

◉CHAPTER 3-3
『米英東亜侵略史』大川周明　土曜社（初版：第一書房）
『アメリカ・北朝鮮抗争史』島田洋一　文春新書
『「北朝鮮の脅威」のカラクリ』半田滋　岩波ブックレット

◉CHAPTER 3-4
『トランプ大統領で「戦後」は終わる』田原総一朗　角川新書
「安倍元首相単独インタビュー」（北海道新聞・二〇二二年十二月二十六日付）
「中国ブイ10カ月経つも放置　尖閣周辺「法的グレー」に苦慮する日本」（朝日新聞デジタル・二〇二四年五月八日付）
『表徴の帝国』ロラン・バルト　宗左近訳　ちくま学芸文庫
『共産党宣言』マルクス、エンゲルス　大内兵衛・向坂逸郎訳　岩波文庫
「＃佐藤優のシン世界地図探索②」（『週プレニュース』二〇二三年三月三十一日付）

◉CHAPTER 3-5
『帝国以後』エマニュエル・トッド　石崎晴己訳　藤原書店
『戦争の地政学』篠田英朗　講談社現代新書
『インドネシアはポスト・チャイナになるのか』鷲田祐一編著　同文館出版
日本経済新聞・二〇二四年三月十六日付

◉CHAPTER 3-6
『アジアの核武装』ウィリアム・H・オーバーホルト　河合伸訳　サイマル出版会
Pars Today 日本語版・二〇二三年五月十八日
『第三次世界大戦はもう始まっている』エマニュエル・トッド　大野舞訳　文春新書
『日本人のための「核」大事典』日本安全保障戦略研究所編　国書刊行会

第4章

◉CHAPTER 4-1
『23分間の奇跡』ジェームズ・クラベル　青島幸男訳　集英社文庫

◉CHAPTER 4-2
Pars Today 日本語版・二〇二四年四月十五日
『「帝国以後」と日本の選択』エマニュエル・トッド他　石崎晴己他訳　藤原書店
『第三次世界大戦はもう始まっている』エマニュエル・トッド　大野舞訳　文春新書
朝日新聞デジタル版・二〇二四年六月九日付
「北朝鮮がまたごみ風船、韓国の宣伝放送やKポップUSBに対抗」（CNN・二〇二四年六月十日）

◉CHAPTER 4-3
『戦争の地政学』篠田英朗　講談社現代新書
『資本主義、社会主義、民主主義　Ⅱ』ヨーゼフ・シュンペーター　大野一訳　日経BP
読売新聞オンライン・二〇二二年五月三十日付
『市民的抵抗』エリカ・チェノウェス　小林綾子訳　白水社
『歴史的現実』田辺元　黒田寛一編　こぶし文庫
『懺悔道としての哲学―田辺元哲学選Ⅱ』田辺元　岩波文庫

◉CHAPTER 4-4
『人権の世界史』ピーター・N・スターンズ　上杉忍訳　ミネルヴァ書房
『ハンドブック　世界の人権』ヒラリー・プール編　梅田徹訳　明石書店
『宗教の自然史』デイヴィッド・ヒューム　福鎌忠恕・齋藤繁雄訳　法政大学出版局
『歴史序説』（全四巻）イブン＝ハルドゥーン　森本公誠訳　岩波文庫

「戦争と有事」を理解するための10冊の推薦図書

1
『戦争論』
クラウゼヴィッツ＝著　篠田英雄＝訳　（岩波文庫）
戦争は外交の延長であることを喝破した名著。現在の国際情勢分析にも適用できる。

2
『孫子』
金谷治＝訳注　（岩波文庫）
本書で展開されているインテリジェンスの技法は二十一世紀においても十分通用する。

3
『ひとはなぜ戦争をするのか』
アインシュタイン、フロイト＝著　浅見昇吾＝訳　（講談社学術文庫）
人間の本性が性悪であるために戦争が起きる、とするアインシュタインとフロイトの見方は実に鋭い。

4
『永遠平和のために』
カント＝著　宇都宮芳明＝訳　（岩波文庫）
たとえ実現しなくても、世界平和という統制的理念（コントローリング・アイデア）を持たないと人類は破滅してしまう。

佐藤優＝選

5

『世界共和国へ――資本＝ネーション＝国家を超えて』

柄谷行人＝著　（岩波新書）

カントのいう「永遠平和」を二十一世紀の現実に活かそうとした意欲的な試み。

6

『政治的なものの概念』

カール・シュミット＝著　田中浩、原田武雄＝訳　（未来社）

政治の本質は「敵」と「味方」を明確に峻別し、敵の殲滅を目標とすることとのシュミットの政治観が、残念ながら今後いっそう影響力を持つようになる。

7

『統帥綱領・統帥参考』

陸軍参謀本部＝著　（偕行社）

旧大日本帝国陸軍のトップエリートに政治と軍事の極意を説いた優れた指南書。

8

『軍事論文選』

毛沢東＝著　（外文出版社）

軍事力に依拠して権力を奪取した毛沢東の思考を追体験することができる。

9

『カウンター・テロリズム・パズル』

ボアズ・ガノール＝著　河合洋一郎＝訳　佐藤優＝監訳　（並木書房）

テロリズムという新しい戦争に関して総合的に考察した、イスラエルのインテリジェンス専門家による名著。

10

『20世紀の歴史』

エリック・ホブズボーム＝著　大井由紀＝訳　（ちくま学芸文庫）

意味の上での二十世紀は一九一四年の第一次世界大戦にはじまり、一九九一年のソ連崩壊で終わったという歴史観から、世界大戦の時代について考察した名著。

「戦争と有事」あとがき

世界は「新しい戦前」と表現せざるを得ない状況に置かれている。ここでいう戦争とは、局地的な武力紛争ではなく、世界大戦だ。ロシア・ウクライナ戦争とガザ戦争は、いずれも第三次世界大戦の引き金になる可能性がある。

私の見立てでは、現時点で、もっとも危険なのは、ウクライナでもなければ、ガザでもない。イスラエルと北部で国境を接するレバノン南部の情勢だ。ここにはイランが後押しするイスラム教シーア派の武装組織ヒズボラの拠点がある。ヒズボラの戦闘能力は、レバノン国軍よりも高いといわれている。ガザでイスラエルと武力紛争を展開しているハマスと比較しても、私の見立てでは、ヒズボラの戦闘能力は十倍はある。そして、イスラエルは核兵器に関して、保有しているとも保有していないとも言わない曖昧政策をとっている。もっとも外交、軍事、インテリジェンス（情報）の専門家の間では、イスラエルが核兵器を持っているのは公然の秘密だ。

ヒズボラはイスラエル国家を消滅させることを公言し、その戦略に基づいて行動している。これは同時にイランの国策でもある。ガザ紛争でイスラエルは疲弊している。また収賄、詐欺、背任で起訴されているイスラエルのベンヤミン・ネタニヤフ首相に対する国民の信任は低い。しかもネタニヤフ首相は、ハマス中立化（ハマスがイスラエルに敵対する能力を失わせること）作戦が終了した後も、イスラエル軍がガザ地区に駐留し、ユダヤ人の入植を進めるべきであると主張する極右派の閣僚二人に引きずられ（この二人が閣僚を辞任するとネタニヤフ政権は議会の少数派になり崩壊する）、合理的かつ効率的なハマス中立化作戦を展開することができないでいる。

それでも、イスラエル国民がネタニヤフ政権打倒に向けた本格的な大衆行動を起こさないのは、内政上の混乱に付け込んで、ヒズボラがイスラエルに侵攻してくる可能性があるからだ。何度も書いているように、イスラエルの国是は「われわれは全世界に同情されながら滅亡するよりも、全世界を敵に回してでも戦い、生き残る」というものだ。この戦いの選択肢には、戦術核の使用も含まれる。

本書を読めば、過去と現在の武力紛争のパターンがわかる。「新しい戦前」を「戦中」にしないために、本書を活用してほしい。

本書を上梓するにあたっては、株式会社ファミリーマガジンの佐藤裕二氏にたいへんにお世話になりました。どうもありがとうございます。

二〇二四年八月一日、曙橋（東京都新宿区）の自宅にて

佐藤　優

佐藤 優 *Masaru Sato*

1960年、東京都生まれ。作家、元外務省主任分析官。1985年、同志社大学大学院神学研究科修了。外務省に入省し、在ロシア連邦日本国大使館に勤務。その後、本省国際情報局分析第一課で、主任分析官として対ロシア外交の最前線で活躍。2002年、背任と偽計業務妨害容疑で逮捕、起訴され、2009年6月に執行猶予付き有罪確定。2013年6月、執行猶予期間を満了し、刑の言い渡しが効力を失った。『国家の罠　外務省のラスプーチンと呼ばれて』(新潮社)で毎日出版文化賞特別賞受賞。『自壊する帝国』(新潮社)で新潮ドキュメント賞、大宅壮一ノンフィクション賞受賞。

学び直しの時間

佐藤優の特別講義

戦争と有事

2024年10月8日　第1刷発行
2024年11月11日　第2刷発行

著者	佐藤 優
ブックデザイン	高橋コウイチ(WF)
編集協力	佐藤裕二(株式会社ファミリーマガジン) 髭郁彦／上條昌史／水野春彦／苅部祐彦 片山恵悟(スノーセブン)／鈴木規之
DTP	株式会社ファミリーマガジン
校正	合同会社こはん商会

発行人	川畑 勝
編集人	滝口 勝弘
企画編集	増田 秀光
発行所	株式会社Gakken 〒141-8416 東京都品川区西五反田2-11-8
印刷所	中央精版印刷株式会社

この本に関する各種お問い合わせ先

◉本の内容については、下記サイトのお問い合わせフォームより
お願いします。https://www.corp-gakken.co.jp/contact/
◉在庫については Tel 03-6431-1201(販売部)
◉不良品(落丁、乱丁)については Tel 0570-000577
学研業務センター 〒354-0045 埼玉県入間郡三芳町上富279-1
◉上記以外のお問い合わせは
Tel 0570-056-710(学研グループ総合案内)

学研グループの書籍・雑誌についての新刊情報・詳細情報は、下記をご覧ください。学研出版サイト https://hon.gakken.jp/